现代应用文

写作指导

李　想◎主　编
赵　伟　崔宏伟◎副主编

黑龙江大学出版社
HEILONGJIANG UNIVERSITY PRESS
哈尔滨

图书在版编目（CIP）数据

现代应用文写作指导 / 李想主编 ; 赵伟, 崔宏伟副主编. -- 哈尔滨 : 黑龙江大学出版社, 2023.12（2025.4 重印）
ISBN 978-7-5686-0584-7

Ⅰ. ①现… Ⅱ. ①李… ②赵… ③崔… Ⅲ. ①汉语－应用文－写作－高等职业教育－教材 Ⅳ. ①H152.3

中国版本图书馆 CIP 数据核字（2020）第 262712 号

现代应用文写作指导
XIANDAI YINGYONGWEN XIEZUO ZHIDAO
李 想 主编 赵 伟 崔宏伟 副主编

责任编辑 赵 晶 姜雪南
出版发行 黑龙江大学出版社
地 址 哈尔滨市南岗区学府三道街 36 号
印 刷 三河市金兆印刷装订有限公司
开 本 720 毫米 ×1000 毫米 1/16
印 张 15
字 数 261 千
版 次 2023 年 12 月第 1 版
印 次 2025 年 4 月第 2 次印刷
书 号 ISBN 978-7-5686-0584-7
定 价 64.80 元

本书如有印装错误请与本社联系更换，联系电话：0451-86608666。

前　言

说到写作，无非两类，一类是实用写作，一类是文学创作。文学作品是一种独创性的审美写作，而应用文写作是一种具有固定格式的模式化写作，是人类在长期的社会实践活动中形成的一种文体，是国家机关、社会团体、企事业单位在处理各种事务时，经常使用的约定俗成的惯用格式文体，是人们传递信息、处理事务、交流感情的工具，有的应用文还用来作为凭证和依据。随着社会的发展，应用文的功能越来越多了。

应用文写作是目前高等院校的一门必修课，无论是在校期间还是毕业工作后，每个人都必须学会写作，这样才能更好地适应未来知识经济社会的发展需求。

本书本着实用、突出能力以及系统训练的原则组织编写。全书共分为六章，主要选取了日常生活和工作中使用较为频繁的文种进行讲解，包括通用事务类文书、机关公文类文书、求职规划类文书、学业发展类文书、宣传评述类文书，并配有实际案例，突出应用文的实用性，注重针对性，巩固新知识，夯实写作基础。本书的特点主要体现在以下几个方面：

1. 淡化复杂的理论讲解，不追求应用文写作理论的创新，也不追求理论的系统和完整，更不在有关理论的争论上过多赘述，只求必要、简单、实用、够用。

2. 不追求文体种类的繁杂，不贪多，不求全，只对一些文种进行有针对性的讲解和训练。

3. 在例文的选择上，我们有意识地选择了一些贴近生活的实用性比较强的富有时代气息的文章，虽然这些文章可能算不上经典，但是在一定程度上可以引起读者的阅读兴趣。

本书是集体劳动的结晶，参加编写工作的都是多年来从事应用文写作课教学工作的老师，他们有丰富的教学经验，了解学生的实际需求，能够使图书更贴近实际，做到学为所用。编者结合自己多年来从事高等职业院校应用文写作课的教学实践，针对当前信息化社会给应用文写作提出的新要求，以素质教育为目标，在重点介绍有关写作理论的前提下，坚持理论与实践相结合的原则，突出实用性、模拟性和可操作性，最终落实在应用文写作能力的培养上。本书的前两章内容，即概述和通用事务类文书，由主编李想老师负责编写；机关公文类文书、求职规划类文书，由副主编赵伟老师负责编写；学业发展类文书、宣传评述类文书，由副主编崔宏伟老师负责编写。

本书的编写是一件快乐并伴有遗憾的事情，在编写之前我们有过很多美好的设想，但是这些设想和实际总是有些距离，在编写应用文写作图书的时候，我们发现永远赶不上时代发展的脚步，当本书编写完成并即将出版时，我们发现还有很多没有写进书里的东西，只好留待以后重新修订时再加以补充了。限于自身的学习经验，图书还存在很多不足之处，恳请各位专家、各位同人予以批评指正，希望广大读者多提宝贵意见！

特别需要说明的是，在本书编写过程中，我们尽可能多地查阅了各种最新的相关资料，参考借鉴了一些同类图书和相关材料，恕不在此一一列举，谨向原作者表示诚挚的谢意！

编者

2023 年 4 月

目　　录

第一章 概述

第一节 应用文的概念与种类

课程导入

小王在这学期学习了《应用文写作》这门课程,老师在课堂上提出了这样的问题:“应用文与以往我们经常接触的议论文,有什么区别呢?什么叫应用文呢?”

思考:小王应该怎么回答呢?

学习重点:应用文的概念。

学习难点:应用文的种类和使用技巧。

写作是作者通过对客观事物或现象的认识、分析、研究后,由内在思想转化为文字并撰写的过程。它是人类参与社会建设、经济生产、服务生活的一种重要行为,涉及人类生活的各个领域,既是一项创造性的实践活动,也包含一定的能力成分。

写作能力是现代社会每个人应当具备的职场技能或生活技能,它会在一定程度上影响着一个人的专业水平、工作能力和对社会的适应程度。而应用文写作又是当今大学生在学习、生活、工作中不可或缺的基本职业素养的重要载体和表现形式,因此应用文写作的能力,将直接影响大学生未来的职业发展。

一、应用文的内涵

应用文也称实用文,是随社会需要应运而生,是人类在长期的社会实践活动中形成的一种文体,且普遍应用于社会生活的各个领域。随着社会的高速发展,人们在工作和生活中的交往也随之频繁,事情也越来越复杂,因此应用文的使用频率也就越来越高了。

二、应用文的概念

《辞海》(第七版)将应用文解释为:“指人们在日常生活、工作和学习中所应用的简易通俗文字,一般有固定的款式。包括书信、公文、契约、单据等。”

《党政机关公文处理工作条例》对公文的定义是:“党政机关公文是党政机关实施领导、履行职能、处理公务的具有特定效力和规范体式的文书,是传达贯彻党和国家的方针政策,公布法规和规章,指导、布置和商洽工作,请示和答复问题,报告、通报和交流情况等的重要工具。”

综上所述,应用文的概念可以归纳为:应用文是国家机关、企事业单位、社会团体以及人民群众在行政管理、社会交往与活动过程中形成的具有社会法定效力和规范体式的文书,是依法行政和进行公务活动与社会活动的一种工具。

以上对于应用文概念的定义,是基于应用文作为人类在长期的社会实践活动中形成的一种文体而进行概括、总结的,是属于应用文的范畴式定义。但是在日常生活中应用文的文种数量、存在形式、划分方式较为丰富,所以,每一种文体还有各自的属性式定义。因此,对初次学习应用文的人群来说要想全部熟知,难度还是相对较大,尤其是有些特定群体,例如办公室工作人员、组织宣传部门工作人员,必须要认识和把握绝大多数文种概念的内涵及特征。那么如何熟悉了解、科学掌握、恰当运用好不同的应用文体为本职工作服务?第一是对各文种概念进行辨析掌握;第二是要在长期的工作实践中积累经验;第三是要学会触类旁通、掌握方法。

应用文写作中的任何一个文种概念,其内涵都主要由使用者、使用用途、所用文体主要特点、根据文体设定内容等形式构成。所以要最大限度、最大程度地理解、消化、掌握文种概念,然后通过了解某一文种的概念,去掌握这一文种的特征。

应用文不是一种文章样式,而是一些文章的统称。它与我们的日常生活和工作有着密切的联系,使用和出现频率也最高。政府要实行高效管理,就要制定、出台各种法规文件的公务文书;企事业单位要科学发展,就要拟制发展计划、总结报告等事务文书;个人之间要进行往来、沟通等,有时也需要使用函件。尤其是在校大学生从自我发展的角度看,入党申请书、求职信和毕业论文等更是要认真面对、认真完成的。

三、应用文的种类

应用文在不断的演变、发展、完善中衍生出了很多的种类。尤其是个别种类还具有单一实用性和专有应用性,所以对应用文种类的划分和归纳方式较多,形式复杂。迄今为止,没有一个完全标准的分类能全部概括。但我们可以依据用途、性质、写作目的和适用范围进行大体分类。

(一)根据用途分类

1. 指导性应用文:指具有指导或决定作用的应用文,多数情况用于上级对下级的行文,如命令、决议、批复等。

2. 报告性应用文:指具有报告或请示作用的应用文,多数情况用于下级对上级的行文,如请示、汇报、报告等。

3. 计划性应用文:指具有计划性质或作用的应用文,常用于对某件事或某项重要工作开始前的预计或初步设想,如计划、规划、意见等。

(二)根据性质分类

1. 一般性应用文:指除法定公文以外的应用文,一般性应用文又可分为简单应用文和复杂应用文两类。简单应用文的结构简单、内容单一,如条据、自荐信、假条和证明等;复杂应用文的篇幅较长、结构较繁且内容较多,如条例、合同等。

2. 公务文书:指包括以党政机关、社会团体、企事业单位的名义发出的文件,如公告、通告、决定、命令、请示、批复、函等。

3. 事务性文书:指处理日常事务时所使用的一种文体,如计划、总结、规章制度、调查报告等。

（三）根据写作目的和适用范围分类

1. 公务文书：公务文书是党政机关、社会团体和企事业单位在公务交往、公务活动中形成并使用的有内容要求、有格式要求、有行文要求的文书，包括通用文书和专用文书两个系列。

通用文书。通用文书指党政机关、社会团体和企事业单位在公务活动中共同使用的应用文章，包括法定的 15 种国家行政机关公文。有对公文起延伸、补充作用的机关事务文书，如计划、总结、调查报告和简报等。还有其他用于公务活动的日常应用文。这一类日常应用文种类繁多，有用于礼仪类的，如请柬、祝词、讣告、悼词等，有公启类的，如海报、启事和声明等，有契据类的，如协议书、借条和收据等，还有介绍信、证明信等专用书信。

专用文书。专用文书是具有专门职能的机关和团体为特定的目的而写作，并在一定范围内使用的公务文书，具有特定的内容、用途和格式要求。如财经文书有市场调查报告、经济预测报告、经济活动分析报告、审计报告、经济合同和商品广告等；法律文书有民事起诉状、民事上诉状、民事反诉状和民事答辩状等；外交文书有国书、照会、条约和公报等。

2. 私人文书：个人处理自身事宜、表达个人意向，为实现个人目的而写的应用文，如个人的计划、总结、申请、契约、条据、启事、书信、日记和演讲稿等。其中不少种类与用于公务活动的日常应用文相同，只是应用者和使用的范围不同。

目前，我国社会经济高速发展，社会分工变得越来越细，因此，为了顺应时代的发展，更好地服务社会主义经济建设，更加科学地增强法律意识，原本只是国家行政机关使用的公文，现在也都进入了企业单位中。这对于应用文文体的发展无疑是积极利好的，同时也丰富了应用文的种类和内容。

课后练习

1. 什么是应用文？

2. 应用文适用于什么范围？

第二节 应用文的特点与作用

课程导入

小王总是分不清什么是应用文写作,什么是文学写作。那么下面两个作品,哪一个是应用文呢?

科技部 教育部印发《关于进一步推进高等学校专业化技术转移机构建设发展的实施意见》的通知

国科发区〔2020〕133 号

各省、自治区、直辖市及计划单列市科技厅(委、局)、教育厅(教委),新疆生产建设兵团科技局、教育局,国务院各有关部门科技主管司局,部属各高等学校、部省合建各高等学校,各有关单位:

为贯彻落实《中共中央 国务院关于构建更加完善的要素市场化配置体制机制的意见》和《国家技术转移体系建设方案》(国发〔2017〕44 号)要求,创新促进科技成果转化机制,进一步提升高校科技成果转移转化能力,科技部、教育部研究制定了《关于进一步推进高等学校专业化技术转移机构建设发展的实施意见》,现印发给你们,请结合实际,加快推进落实。

科技部　教育部

2020 年 5 月 13 日

(此件主动公开)

(资料来源:中国政府网)

再别康桥

作者:徐志摩

轻轻的我走了,
正如我轻轻的来;
我轻轻的招手,
作别西天的云彩。

那河畔的金柳，
是夕阳中的新娘；
波光里的艳影，
在我的心头荡漾。

软泥上的青荇，
油油的在水底招摇；
在康河的柔波里，
我甘心做一条水草！

那榆荫下的一潭，
不是清泉，是天上虹
揉碎在浮藻间，
沉淀着彩虹似的梦。

寻梦？撑一支长篙，
向青草更青处漫溯，
满载一船星辉，
在星辉斑斓里放歌。

但我不能放歌，
悄悄是别离的笙箫；
夏虫也为我沉默，
沉默是今晚的康桥！

悄悄的我走了，
正如我悄悄的来；
我挥一挥衣袖，
不带走一片云彩。

（资料来源：上海辞书出版社文学鉴赏辞典编纂中心，《文学经典鉴赏 新诗

三百首》,上海辞书出版社 2021 年版,第 66-67 页)

请对以上两种文章体裁进行分析,并说明两种文章体裁的异同点。

学习重点:正确认识应用文的特点与作用。

学习难点:学会撰写符合应用文特点的文章。

应用文在日常生活中不仅可以用来传递信息、处理事务、记录生活和交流感情,还可以在某些特定场合、特定时间内为特定事务提供相应的凭证和依据。随着社会经济的快速发展,人们在工作和生活中的交往越来越密切,涉及事务的种类和内容也越来越复杂,所以赋予应用文的功能也越来越多。

应用文是一种独特的文章载体,和大家以前熟悉的文艺作品有很大区别。著名的语言学家吕叔湘先生在他的《介绍〈应用文写作知识〉》中说道:"文艺作品以外的文字都是应用文。"[①]从这句话我们可知两者之间的区别之大。

应用文写作与文学写作有着很大的异处。从功用性角度来看:应用文写作带有直接的功用性和实际性,它主要是用来解决工作和生活中出现的实际问题;文学写作不是以直接办理事务为目的,它以塑造艺术形象、反映社会生活、提供审美享受为宗旨。从真实性角度来看:应用文写作不能带有虚构和杜撰的成分,要求实事求是、科学详尽;文学写作要求的是艺术的真实,因而不要求写真人真事,可以大胆进行艺术虚构和艺术想象。从语言表达角度看:应用文的表述要求准确,不能产生歧义,简明精练,具有平实、客观的特点;文学写作则多用修辞方式,以达到特定的艺术效果。从思维与结构角度来看:应用文写作讲究逻辑思维;文学写作看重形象思维。

所以要想写好应用文,我们就必须准确把握应用文的特点和作用,把握其撰写目的、思维方式、写作方法和表达方式等。

① 方有林:《吕叔湘》,语文出版社 2021 年版,第 175 页。

一、应用文的特点

(一)显著的实用性

应用文写作就是为了解决现实中的客观实际问题,为实现特定目的服务的。因此实用性是应用文写作最重要、最本质的特征,丢掉了实用性,应用文写作的价值和现实意义也将不复存在。

社会各种工作、生活形式需要应用文写作,人们重视应用文写作,都是因为它直接为社会生活服务,具有实际的应用价值。如写请示是为了向上级请求帮助,写计划是为了部门、单位或个人在未来一定时期内更好地做工作或完成某项任务,提出某些设想等。写入党申请书是为了申请人向党组织表明自己有入党的志愿和要求,使党组织了解申请人的政治信仰和追求。所以,写作目的也决定了写作内容的实用性和具体性。

(二)极强的时效性

应用文写作的目的是解决现实中存在的问题,是办事的依据,所以应用文写作的时效性,必须要体现它的及时性和有限性。文学创作可以“二句三年得,一吟双泪流”,而应用文写作一定要在相对时限内完成,延误时间就失去了写作的意义和目的,甚至造成严重后果。同时,应用文写作的成果只在相应规定时间内产生作用,写作目的达成以后,其直接效用就会随之消失。部分重要的应用文还会作为档案材料保管起来,作为日后工作的凭证。如行文不及时,将会丧失其实用价值。例如新闻报道,就是对新近发生的事实的报道。它的主要性质之一就是及时性和时效性。

(三)专业的规范性

首先在于不能错用文体。应用文的种类繁多,不同种类有不同的使用文体,所以应用文在撰写前要明确使用范围和使用目的。如公文中,同是下级机关向上级机关呈报的公文,“报告”一般用于汇报工作、反映情况,若有请示事项,就得用“请示”行文。

其次要遵循文种格式。应用文的格式有的是依据相关规定,有的是约定俗成，在写作实践中形成了惯用体式，如经济合同的主体必须写明必备条款：标的，数量和质量，价款或酬金，履行的期限、地点和方式，违约责任等。即使是个人的一般书信，也得具备称谓、问候语、正文、署名和日期五个部分。

应用文的结构模式和所用语言也有规范性的特点，尤其是公文，结构上较为定型，语言上有着惯用的格式语，使用名词、时间、数字都强调规范。在财经类、司法类专用文书中，会有大量行业性、专业性用语，体现其特有的语体感。

（四）突出的针对性

针对性指的是意图明显，目的明确。一是受众对象明确，二是行文内容针对性强。

应用文只涉及与该事项有关的特定对象，例如，经济合同只针对签约的各方，规章制度只对特定的团体组织和特定的人群适用，入党申请书只针对本人所属单位或地区的党支部或党委，公开张贴的通告、公告、启事等也都有各自特定的受众对象。应用文的内容方面自然也具有极强的针对性，请示工作、布置任务、答复问题，有一说一，有二说二。应用文明确的写作目的和它的实用功能是充分一致的，写作意图与接收效果之间的一致性，是评价这类应用文成功的重要标准。

（五）简明的平实性

应用文的表达是求实用，重实效。因此行文内容须简明扼要，表达要清晰顺畅，风格上平易朴实，避免艰深难懂或华而不实。

应用文的基本表达方式是叙述、议论和说明。描写和抒情在应用文中并不是完全不使用，书信、商品广告、演讲稿、解说词等，时常会用生动的语言对人、事或景做出具体、形象、生动的描绘。但行政公文、事务文书和财经、司法等专用文书，忌用生动的描绘、热烈的抒情。

二、应用文的作用

应用文是人类在长期的社会实践活动中为了传递信息、处理事务、交流感情而形成的一种文体。它在不同的历史时期，发挥着不同的作用。如果认真考察我国的历史，不难看出应用文对历史中各个朝代的政治、经济、文化、军事、外交等方面都起到了推动作用。可以说,任何一个国家、政党、组织,想要正常运作,不断发展、壮大,是离不开应用文的。那么在社会生活中,应用文的作用究竟有哪些呢?

(一)组织指导的作用

从组织领导的角度发布各种与社会发展相关联的命令、指导意见,以整体掌控社会活动。主要涉及上级对下级进行领导和指导的应用文。

(二)规范约束的作用

有一部分应用文具有很强的法规性质和约束作用,如条例、办法等,这类应用文是一定范围内人们行动的准则或行为的规范,具有明显的规范和约束作用,一旦此类应用文出台生效,则所规定范围内的人群必须遵照执行,不得违反。

(三)依据凭证的作用

刘半农在《应用文之教授》一文中把应用文和文学文做了一个生动而深刻的对比,说"应用文是青菜黄米的家常便饭,文学文却是个肥鱼大肉","应用文是'无事三十里'的随便走路,文学文乃是运动会场上大出风头的一英里赛跑"。[①] 前者虽然平凡,却是生活中不可缺少的。所以应用文是发源于和服务于实际生活的文字工具。

具体而论,应用文的依据和凭证作用,主要表现在两个方面:

一是上级机关在制定方针、政策或做出决定、规定、计划时,相关人员一方面深入到实际工作中调查研究,另一方面就是依据下级机关上报的总结、报告或相关部门撰写的调查报告等应用文来进行决策的。

二是下级部门开展工作、处理问题、解决实际存在的矛盾时,上级机关发布的有关"决定""决议""条例""办法"等应用文,就可以成为下级部门办事的重要依据,帮助他们解决矛盾、判断是非。

此外还有一些合同、协议、条据等,用以证明事件的发生或钱财的收受关

---

① 李杏保、方有林、徐林祥主编:《国文国语教育论典》,语文出版社 2014 年版,第 57 页。

系等。

(四)规划引导的作用

通过制订计划或规划,指导并安排下一步工作,进而增强事情达到预期效果的可能性,如计划、安排、规划和方案等应用文。

(五)联系交流的作用

从应用文的发展、使用、功能上看,古今中外的应用文有着重要的联系、交流作用。大到在不同国家的政府之间,在不同的党派之间,小到在党政机关之间,在企事业单位之间,在人民团体之间,都是通过应用文进行交流、沟通,达到商洽工作、实现合作、共同发展的目的。

总之,应用文是沟通上下、联系左右的有效渠道,它把上下左右紧密联系在一起,使之形成一个具备强大能量的统一的整体,从而推动各项工作有序、顺利地进行。

(六)宣传和教育的作用

党和政府也需要通过应用文,向社会、有关单位和人民群众宣传路线、方针、政策,指导并推动各项工作科学开展,从而推动我国现代化建设。如若是法规性文件,则对人们的行为起着规范和约束作用。

(七)整理建档、提供资料的作用

有些应用文真实地反映各个时期政治、经济、历史、文化等方面的情况,这些资料需要保存下来,为今后各方面的研究提供参考。

课后练习

1. 应用文的特点是什么?
2. 应用文有什么作用?

第三节 应用文的主旨与材料

课程导入

小王的单位要组织承办一项赛事，他对这项赛事是这样介绍的。

云计算比赛赛项简介：云计算比赛是选手根据公有云相关知识、技术，以及企业云计算的实际需求和岗位要求进行设计，在公有云上按照设计的架构部署云资源，完成基础设施的搭建、管理运维，维护公有云设施的安全，保障云资源的高可用、可扩展和良好的弹性。

希望本次竞赛可以促进技能竞赛和技能人才培养工作科学有序发展，促进区域内云计算技术交流、人才交流，通过赛项展示提高教师的云计算教学科研能力，增强学生从事云计算相关岗位的适岗性，为“互联网+”国家战略和国家“智慧城市”规划提供云计算领域知识扎实、技能高超的全方位人才。

你觉得通过他的介绍，你对这项赛事有了一定的了解吗？

学习重点：应用文的主旨特点。

学习难点：应用文的材料收集和材料选择。

一、应用文的主旨

（一）应用文主旨的含义

主旨是文章的精髓和灵魂。所谓应用文主旨是应用文表达的主要内容，是写作主体的认识、观点、见解、主张、意见等统一在文本中的体现，也是应用文价值的体现。

主旨贯穿于应用文写作始终，它决定着一篇应用文写作文本的基本内容和表现形式。具体地说，它决定着材料的选取、文种的选择、结构的安排和表达方式的选用。

主旨大致分为以下三种。

目的型：表明一种意向、目的或是意图，此种意向单一，阅读者一看便知。

信息型：不体现作者的主观态度和观点，只对文中信息加以客观说明。

思想型：体现作者的主观态度和观点，有鲜明的倾向性和对事物的态度。

（二）主旨的确立

主旨的确立作为应用文写作的首要步骤，应保证主旨的正确、集中、明晰、深刻。在具体的写作中材料的选择、结构的安排、语言的运用都有赖于主旨的确立。

1. 主旨正确

应用文写作的政治性、政策性很强，文中的基本观点必须与党和国家的政策法规保持一致，任何地区、部门或个人都不能违背政策法规。另外，还要注意主旨的可操作性，注重实际效果。

2. 主旨集中

写作要围绕一个中心把问题说清、说透，避免文中出现与中心联系不紧密甚至无关的材料。一篇应用文最好表达一个主旨，重点突出。

3. 主旨明晰

应用文的观点必须明确。写作的主旨应该直截了当，赞成什么，否定什么，态度必须鲜明。表述不可模棱两可、含糊其词，而应清楚明白，以利于理解和执行。

4. 主旨深刻

主旨深刻是指应用文写作要求揭示事物本质及其内在规律，提出有利于发展的、有创见性的见解和主张。

应用文写作的立旨是否正确、集中、明晰和深刻，与写作者的综合素质有关，绝不仅仅是文字功力的问题。因此，写作者需要全面提高综合素质，才能立好应用文写作之“旨”。

（三）主旨的表现形式

主旨的表现形式因文而异，应用文的主旨表现形式归结起来有以下几种。

1. 标题明旨

在标题中直接概括出主旨，以简洁、明快的语言把文章的主旨告诉读者，不仅使读者一目了然，而且可以起到高度概括全文的作用。这种写法在党政公文、新闻写作中应用普遍。

2. 开头明旨

在文章的开头部分明确行文的目的及主要内容。这种开门见山提出主旨的做法简便易行，写作时可根据所要解决的问题和材料特点恰当地使用。

3. 文中明旨

行文中直接显示主旨，往往借助文中的小标题来体现。这种表现形式不仅使文章主旨鲜明突出，而且使文章显得层次清楚、条理分明，便于读者理解。

4. 篇末点旨

加深读者的印象，提高办事的准确率。公务文书大多使用这种方式结尾。

对于以上表现主旨的形式，写作者在写作时应根据实际情况，可以单独使用，也可以综合使用。

二、应用文的材料

（一）应用文材料的含义

所谓材料，就是作者为了某一写作目的从生活中搜集、摄取并写入文章中的事实或论据。积累了众多材料，并不等于能写成好的文章。应用文的材料表现出更多自身的特点。

（二）应用文材料的特点

1. 真实度高

真实是应用文的生命。应用文所要求的真实是“绝对的真实”，也就是说在材料的选用过程中不可改变材料本身性质，对材料的时间、地点、数据、事实过程及结果都不能任意改动，不能歪曲事实、弄虚作假。用事实说话是对应用文材料的根本要求。写作者必须以端正的态度和立场、实事求是的作风来选择真实可用的材料。

2. **典型性强**

应用文的写作必须选择能够反映事物的共性和特征、揭示事物的本质和规律的典型材料。典型材料可以是一个具体的事例、一些有说服力的数据和一些普遍性的现象。

3. **观点要新**

应用文写作是为了解决现实问题的即时之作,需选取能反映现实的新颖材料。因此写进应用文里的材料,必须反映客观事物的最新面貌,以及现实生活中人们最关心的那些新人、新事、新思想、新成果和新问题。

三、应用文材料的处理和使用

总的来说,获取材料要求以多为好,以全为贵。材料多了,便于比较、鉴别,更有选择的余地。因此动笔之前,应当围绕主旨,选取详尽而充分的材料。

在获取了大量的应用文材料之后,重要的是如何处理和使用这些材料,下面介绍几种常用的应用文材料处理和使用的方法。

(一)围绕主旨,挖掘材料意义

对于材料,不能停留在表面的认识上,要挖掘材料能凸显主旨的一面,使其在文章中发挥彰显主旨的作用。

(二)根据主旨需要,进行详略处理

对材料的加工整理,无非是为了突出文章的主旨,加强应用文的表达效果,因此要详略得当。

(三)合理安排材料,注重条理

在安排顺序时要考虑材料的主次、时间的先后、材料间的逻辑顺序、人们认识事物的规律、事物发展的过程等因素。另外,数字材料是应用文写作中十分重要的材料,数字有时比文字材料更具体、更准确、更能说明问题。因此,要注意以下几点:

1. 真实、准确地用好数据材料。
2. 运用统计数据，展开分析论证，更好地为主旨服务。
3. 适当地使用统计图表。
4. 使抽象的数字具体化，使其形象地表明主旨。

课后练习

1. 如何理解主旨是应用文写作的灵魂？
2. 简述应用文在创作过程中材料处理和使用的方法。

第四节　应用文的行文要求

课程导入

刚入职的小王要转发一则通知，但是他不知道怎样写才完整，于是参考下面的通知进行拟写，你觉得可行吗？

教育部办公厅关于转发
《国家档案局办公室关于加强汛期档案安全保管的紧急通知》的通知
教办厅函〔2016〕49号

部属各高等学校、各直属单位：

现将《国家档案局办公室关于加强汛期档案安全保管的紧急通知》（档办函〔2016〕175号）转发你们，请遵照执行，并就有关事项通知如下：

一、各单位要高度重视汛期档案的安全保管工作，按照以人为本、预防为主的原则，对档案库房进行一次全面细致的安全检查，发现漏雨、危房等不安全因素要立即进行整改，坚决消灭事故隐患，确保档案安全渡汛。

二、结合本单位的工作实际，制定切实可行的应急预案和安全防范措施，并严格进行督促检查,确保各项措施落到实处。

三、暑假期间各单位档案馆(室)要坚持值班制度,不得出现"人去楼空"现象,发现异常情况要及时组织力量排除险情并报告我厅。

附件:国家档案局办公室关于加强汛期档案安全保管的紧急通知

教育部办公厅

2016 年 7 月 7 日

(资料来源:教育部网站)

学习重点:应用文的行文关系、行文方向和行文方式。

学习难点:应用文的行文规则及其使用方法。

应用文作为达到特定目的而存在的一种文体,除其写作原因与写作目的十分明确以外,在行文运行传递中也存在一定的规则和要求。这些规则和要求基于应用文的现实意义包括行文关系、行文方向、行文方式和行文规则。我们需要注意的是,一般应用文的运行传递相对比较灵活多样,大多数情况下不存在统一的行文规则,或不存在严格的行文规则。但是为了维护机关之间的行文秩序,规范文件、通知、公告、法规等应用文文体,我们就要遵循一定的应用文的行文规则。基于应用文行文要求的自身特点,所以本节以公文为例进行学习。

正确理解、掌握和运用好应用文的行文关系、行文方向、行文方式和行文规则,是学好、用好应用文的必要条件。

一、行文关系

行文关系是机关单位之间的组织关系在公文运行中的体现,亦可理解为公文在行文时发文单位与受文单位之间的关系反映。具体地说,行文关系是根据机关的组织系统、领导关系和职权范围所确定的机关之间的文件授受关系。《中华人民共和国宪法》中对于国家行政机关的隶属关系和职权范围有着明确的规定。我国各级行政机关行文关系的基本准则是地方各级人民政府服从国务院(中央人民政府)。《中国共产党章程》规定党的各级组织的隶属关系和职权范围。党的各级组织行文关系的基本准则是下级服从上级,全党服从中央。

行文单位各自的隶属关系和职权范围决定着行文关系原则，应用文的行文关系可以分为：上下级关系、平级关系、隶属关系、非隶属关系。

（一）上下级关系

是一种隶属关系，也可以看作领导与被领导之间的关系。此隶属关系指同一系统中的具有直接垂直关系的上下级机关、部门、单位之间。例如国务院与国务院各部委之间。

（二）平级关系

是指同一组织系统内级别相当的机关、部门、单位之间的关系。例如省委所属各部委与省人民政府所属各厅局之间的关系。

（三）隶属关系

不论级别大小都在同一系统内，既包括领导与被领导关系（上下级关系），又包括领导与间接被领导的关系。这里主要强调后一种关系。例如某级市政府可以说是隶属于所在地省政府，而不与非所在地省政府有隶属关系。

（四）非隶属关系

非隶属关系，是与隶属关系相对而言的。指非同一组织系统内的机关、部门、单位之间的关系。例如，两个省政府之间不存在隶属关系。

二、行文方向

公文的行文方向是以发文单位为原点，根据机关之间不同的行文关系，公文向不同层次的机关单位运转与传送的方向。因此，根据行文方向不同，所使用的公文文体也会随之改变，公文行文方向主要有以下 4 种形式。

（一）上行文

指制发公文的机关单位向上级机关单位行文。如某一机关要向其上级机关请示问题和报告工作，就必须使用上行的行文方向，一般会使用请示或报告文种。

(二)下行文

指制发公文的机关单位向下级机关单位行文。如某一机关要行使对其下级机关的领导和监督职权,就必须使用下行的行文方向,一般会使用命令、批示、决定等文种。

(三)平行文

指制发公文的机关单位向同级机关单位或不相隶属的机关单位行文。此种行文方向是为了协商工作或进行合作交流,其发文就必须使用平行的行文方向,一般会使用函或通知等文种。

(四)泛行文

或称为"通行文",其运转与传送既可上行,又可下行,还可平行,也可向不相隶属的单位运行。例如意见、会议纪要等文种。

三、行文方式

行文方式,是指行文的方法和形式,是由工作需要和机关单位的组织关系所决定。行文方式的种类较为复杂,主要从以下 3 种方式进行分类。

(一)根据行文方向

1. 逐级行文

逐级行文一般出现在上行文或下行文中,其行文方向比较常见。

2. 多级行文

多级行文是指制发公文的机关单位向其上级机关行文的同时,将此公文一并呈报更高一级或几级的非直接上级机关;或者向其下级机关行文的同时,将此公文一并发往下一级或几级的非直接下级机关。

3. 越级行文

越级行文是指制发公文的机关单位不向直接上级机关行文,而是超越自己的直接上级机关,向更高一级或几级的非直接上级机关行文;或者绕过自己的直接下级机关,向更低一级或几级的非直接下级机关行文。

4. 直达行文

是指上级机关在某些特定情况且有必要性时,将文件直接发至基层组织或直接传达给人民群众。

5. 直接行文

是指制发公文的机关单位向同一系统内与其级别相当或不存在明显领导与被领导关系的机关、单位行文。

(二)根据实际工作需要

1. 单独行文

是指制发公文的机关单位只有一个,公文的具体内容,只代表制发公文的机关单位的独立意思。

2. 联合行文

是指公文由两个或两个以上机关联合制发,公文的具体内容,是两个或两个以上机关的共同意思。

(三)根据行文对象的主次关系

分为主送、抄送。

四、行文规则

行文规则是指各级机关单位在公文往来时,彼此之间共同遵守、相互执行、约定俗成的公文写作方式和原则。遵守这一原则,在最大程度上保障了公文传递的科学有效、路径正确、分配合理。根据机关的组织系统、领导关系和职权范围规定了各级机关的行文关系。行文规则大致有以下几种情况。

(一)效用规则

公文行文首先要保证其重要性、必要性和效用性。各级党政机关单位遵照各自的隶属关系和职权范围确定行文关系,比如,国务院的各个部门一般不对各级人民政府发送指导性、指挥性、命令性公文,但可在业务管辖范围内向下行文。

(二)政府各部门间行文规则

政府各部门是指某一级政府的各职能部门,如省政府的职能部门一般指厅、局,市政府的职能部门一般指局,各部门在自己的权限内行文也有相关的要求和规则。

1. 属于部门职权范围内的事务,应由部门自行行文或联合行文。例如省教育厅可向其所属高校行文,或省教育厅联合省财政厅向其所属高校行文。

2. 政府所属各同级部门可以相互行文。如省财政厅和省教育厅可以相互行文。

3. 政府各个部门可以与下一级人民政府的有关职能部门相互行文,如省教育厅和市教育局相互行文。但要注意,行文单位之间需要存在领导与被领导、指导与被指导关系,同时它们之间还需存在对口职能业务工作上的紧密联系。

4. 政府各部门一般情况下未经本级政府授权不得向下一级政府正式行文,如遇此类情况,必须先经本级政府授权,同时行文时必须在正文开头说明授权的机关单位或负责人。例如省财政厅或省审计厅得到了省人民政府的授权,可以对市人民政府行文。

5. 政府各个部门可以通过"函"的形式与下一级政府商洽、询问工作等问题。

6. 除办公厅(室)外,政府各个部门内设机构不得对外正式行文。

(三)抄送规则

公文的抄送是指制发公文的机关单位将文件在主送的同时一并发送给与公文相关联或需遵照执行的单位,抄送单位是公文结构的组成部分之一。

在现实工作中,行政机关的公文使用抄送比较频繁,而且抄送单位位于公文的文尾,所涉及单位大多数不属于文件的主要或直接承办单位,在办文过程中往往容易被遗漏或处理不当,影响文件贯彻执行的效果。因此,在公文写作训练中公文的抄送问题应给予足够的重视和恰当的把握。

根据《国家行政机关公文处理办法》的规定和公文运用中的实际情况,抄送的适用范围主要有以下几个方面。

1. 在上行文中,会有以下几种情况:一是受多重领导的机关单位向上级机关请示时,在主送一个机关的同时,将其他上级机关列为抄送机关;二是因特殊情况越级请示时,应当抄送被越过的上级机关;三是向有关上级机关或负责人报告情况时,可以抄送其他需要了解情况的领导或不相隶属的机关。

2. 在平行文中,依照组织管理职权范围函复平级机关审批事项,涉及重要的政策性规定或执行面较广的,应抄送上级机关,必要时也应抄送相关的平级单位及本系统的所属机构。

3. 在下行文中,有以下几种情况:一是向下级机关行文时,应同时抄送上级机关和与文件内容有关联的平级机关;二是向受双重领导的下级机关行文时,必要时应当抄送该机关的另一上级机关;三是转发上级文件时,一般应抄送被转发的上级机关。

4. 在联合发文时,如需抄送,应按照上述原则分别抄送各联合发文机关对应的上级、平级和下级机关。

(四)协商规则

相关部门或机关单位之间在协商某个问题而未能达成一致意见,或对该问题持不同观点时,不得以各自单位(或部门)名义擅自行文,若已行文,上级机关单位有权对其发文行为责令修改或撤销。

在现实工作环境中,主办单位的主要负责人应积极主动与相关单位建立起有效协商机制,所涉及单位都要严格按照有关的政策、规定、制度和办法,从工作实际和工作大局出发进行协商。经协商达成统一意见后方可行文。

如遇极特殊情况,例如所涉及单位经过多次协商,但仍未能达成统一意见,然而所面临的问题还急需解决、刻不容缓,此时可由主办单位牵头,列举亟待解决问题事情缘由、未能达成统一意见原因、解决该问题的建设性意见,并与所涉及单位联合签字后,报请有关上级机关单位协调定夺,然后再行文。

(五)联合行文规则

同级机关单位可以联合行文,如同级政府、公司内部同级职能部门等。联合行文的前提和原则是联合行文能更好地解决实际问题,达到更好的行文目的。

联合行文的注意事项:一是必须是平级之间进行联合行文;二是联合行文应明确主办部门;三是联合行文的机关、单位对行文事项意见一致。

（六）请示规则

公文的行文规则中，请示规则大概有以下几种。

一般情况下不得越级请示。请示应一文一事且一般只写一个主送机关或单位，请示不得同时抄送下级机关。

（七）报告规则

报告是用来汇报工作、反映情况和答复上级机关单位询问的应用文文体，创作者在撰写报告类公文时要遵守如下两项规则：报告中不得有请示事项，一般不得越级报告。

另外，一般不得以机关单位名义向上级机关单位负责人报送请示、意见和报告。

课后练习

1. 应用文的行文关系有哪几种？
2. 应用文的行文方式有哪些？
3. 应用文有哪些行文规则要注意？

第五节　应用文的语言与结构

课程导入

学院要召开运动会，作为组委会成员的小王要完成学校运动会闭幕式致辞的任务。他这样写可以吗？

学院2023年春季田径运动会闭幕词

尊敬的各位领导、老师，亲爱的同学们：

历时一天的学院2023年春季田径运动会，在全院师生共同努力下，已经圆满完成了预定赛程，即将落下帷幕。在此，我代表学院和大会组委会，向在本次运动会上取得优异成绩的运动员和代表队，以及受表彰的先进集体表示热烈祝贺！向为运动会付出辛勤努力并做出积极贡献的裁判员、大会工作人员和全体志愿者表示衷心的感谢！

这次田径运动会，500余名大学生运动员和100余名教职工运动员，文明竞赛，公平竞争，奋勇争先，彰显了奥林匹克精神和中华体育精神。运动会全程秩序井然，高潮迭起，捷报频传，取得了运动成绩和精神文明的双丰收，充分展示了学院教育教学改革和体育事业发展的丰硕成果，展现了广大师生昂扬的精神风貌。

老师们、同学们，

田径运动会即将闭幕，但团结协作、不甘落后、顽强拼搏、勇创佳绩的体育精神是永恒的，这种精神是我们爬坡过坎的动力、攻坚破难的底气和勇于胜利的信心。我们要积极行动起来，参与体育运动，强健我们的体魄，锤炼我们的意志，塑造我们的品格，大力弘扬体育精神，在丰富多彩的校园体育文化活动中，增学识、受锻炼、长才干，努力成长为德智体美劳全面发展的社会主义建设者和接班人。我相信，本次田径运动会的成功举办，必将对学院精神文明建设和体育活动蓬勃开展起到积极的推进作用，必将使办学层次和办学水平跃上新台阶，必将助推学院在建设高水平学校的征程中，取得更加辉煌的业绩。

老师们、同学们，

青年兴则国家兴，体育强则中国强。我们要深入贯彻落实党的二十大精神，全面提升体育硬件水平，扎实推进学院体育工作，促进学生全面健康发展，为加快推进体育强国建设做出应有贡献。我相信，学院的青年学子也一定能够担当起党和人民赋予的历史重任，在激扬青春、开拓人生、奉献社会的进程中书写无愧于时代的壮丽篇章！

谢谢大家！

学习重点：应用文的语言特点。

学习难点：应用文的结构特点。

一、应用文的语言

语言是应用文写作的又一基本要素，为了把文章的思想内容科学、合理地表达好，就要注意语言的运用，虽然不同的应用文体有其相对固定的、约定俗成的语言特点，但应用文对语言的要求整体上还表现出很多共同特点。

第一是它的精确性：精确是应用文写作语言的第一要求。在词语的选择上，应该使用能恰如其分地反映客观事物的精确词语。具体写作中，应仔细辨析词义，精选中心词，用准修饰语，尤其要注意同义词、近义词的细微差别，同时还应力避歧义，以免造成误解，影响工作。

第二是它的言简性：言简即以最少的文字表达尽量多的内涵。应用文写作可以高效、迅速地传递信息、处理公私事务，以取得社会效益和经济利益为目的，具有很强的时效性和实用性，其语言在准确的基础上，还应简洁畅达、精练明快。

第三是它的庄重性：庄重是指写作中对客观事物的表达要得体、谨慎、严肃。应用文的语言使用和行文关系、文种紧密结合在一起，讲究庄严持重、适度得体，反对随情任意，这与文艺作品追求的生动活泼有所不同。

第四是它的平实性：平实是指语言平直朴实。应用文的价值在于务实，阅读对象较固定。越是准确、简洁的语言，就越平实。应用文写作立足意思表达，以阐释作者思想观点为基本宗旨，不以追求“语不惊人死不休”为语言目的，反对做作、浮夸，讲究朴素、平实，要做到语言标准规范、通俗易懂、朴实明白。

同时，由于应用文写作的种类繁多，故在写作时，还应针对行文目的、写作受体、所用文种以及使用场合等来确定选用什么词汇、采用何种语气、形成何种风格，以获得最佳的实用效果。

二、应用文的结构

结构是指为表现文章内容对材料进行的组织和安排，也就是通常所说的“布局”“谋篇”。有人说，主旨是文章的魂，材料是文章的血肉，结构则是文章的骨架。

结构不仅要在形式上和谐统一，给人以美感，而且要表现出文章的整体与部分、部分与部分、部分自身的联系和变化。应用文的结构要服务于表现主旨，要适应文种的特点和表达的需要。

三、应用文的基本结构和写法

（一）标题

标题是文章的眼睛，它有着概括全文、揭示中心的作用。因此，应用文写作的标题要求充分体现主旨，有的标题还有规范要求。

（二）开头

应用文的开头，没有一成不变的写法。由于文种不同，内容不同，写法各不相同。但无论是哪一类文种，无论什么内容，在写开头的时候，都要考虑两点：一是紧扣主旨，尽快引出主旨；二是能吸引读者。

（三）结尾

应用文的结尾大体可分为自由式和比较固定式两类。自由式即随着文章的自然发展，该讲的问题讲完即收。比如法规，该写几条就是几条，最后一条写完即可收尾。汇报提纲把该汇报的内容讲清楚就可打住。但有些文种的结尾则有一定的格式或习惯用法。比如请示结尾要提出肯定式要求，多用“当否，请批示”等，通知结尾一般用“特此通知”等。

（四）段落和层次

1. 段落

段落是组成文章的最基本单位，又称自然段，是按照表达层次划分出来的一个个小的结构单位。在形式上，段落是明显的换行标志。

2. 层次

层次是文章思想内容的表现次序，它反映了作者的思维过程。安排结构层次的常见顺序有以下几种：

(1)以事件的时地为序

以事件的时地为序,即以事件发生的时间或地点作为划分层次的依据,“报告”“通报”“调查报告”等应用文多采用这种形式。

(2)以逻辑发展为序

以逻辑发展为序,即递进式。“规章制度”“说明书”一般采用并列式。“决定”“调查报告”等文体多采用递进式。

(3)总分顺序

一般按照总—分—总、分—总、总—分的关系安排层次。“通知”“计划”“总结”等文体多采用这种形式。

(4)纵横式

纵横式也称综合式,是指由于应用文内容复杂,可以综合运用几种形式来安排结构层次。

3. 层次的表述方法

常见的层次表述方法有以下几种:

(1)用小标题表示。

(2)用数量词表示。如:一、二、三、四……(一)、(二)、(三)、(四)……

(3)用表示顺序的词或词组表示。如:“首先”“其次”“再次”。

(五)过渡和照应

过渡和照应是使应用文前后连贯、脉络畅通的重要手段。要把各段文字和各层标题衔接得浑然一体,就必须巧妙地安排过渡和照应。

1. 过渡

应用文的过渡,是指上下文之间的衔接、转换。过渡的方式,主要是用过渡段、过渡句和关联词语。如:“综上所述”“总之”“为此”“故此”等。应用文常见的过渡有以下几种。

(1)内容开合处,即文章内容由总到分或由分到总时需要过渡。

(2)意思转换处,即文章内容由一层意思转入另一层意思时需要过渡。

(3)表达变动处,即文章内容由叙述转入议论或由议论转入叙述时需要过渡。

2. 照应

应用文的照应,是指文章前后内容的关照、呼应。应用文的照应,主要有以下几种形式：

(1)首尾照应,即开头与结尾相呼应。

(2)前后照应,即前面的内容为后面的内容埋下伏笔,相互呼应。

(3)题文照应,即题目与文章的内容相呼应。

课后练习

1. 简述散文与应用文的语言特点的异同。

2. 简述应用文标题的作用。

第二章　通用事务类文书

第一节　主持词

课程导入

学校要举办“外语节”开幕式，小王作为此次活动的主持人之一，写了下面的主持词。他这样写可以吗？

××大学第七届校园“外语节”系列活动开幕式
暨“舞动青春”文艺晚会主持词

甲：尊敬的各位领导，来宾，亲爱的老师、同学们，大家晚上好。

乙：欢迎光临××大学第七届校园“外语节”系列活动开幕式暨“舞动青春”文艺晚会的现场。

甲：在这清风送爽、花香怡人的初夏之夜，第七届校园“外语节”以崭新的面貌拉开了序幕。回顾以往，在学校各级领导、老师的关怀指导下，在同学们的参与、支持下，“英语节”由“英语周”演变为今天丰富多彩的“外语节”，多种文化元素逐渐增加到“外语节”中来，为同学们提供了更广阔的舞台来展示自己的智慧与风采。

乙：每一年的初夏时节，同学们都盼着“外语节”的到来，每一年的开幕式，也成为同学们争相展示自己的舞台。青春、绚丽始终是年轻人的主题，在这个美好的夜晚,相信这个舞台上的精彩表演一定会成为大家难忘的回忆。

甲:下面我很荣幸地为大家介绍光临本次晚会现场的各位领导及来宾,他们是……

让我们对各位领导及来宾的光临表示诚挚的欢迎和衷心的感谢。

乙:接下来,让我们用热烈的掌声有请××大学校长×××先生致开幕词。

甲:感谢×××校长。下面我宣布:××大学第七届校园“外语节”系列活动开幕式暨“舞动青春”文艺晚会现在开始!

……

甲:相聚纵然短暂,但快乐的记忆在我们心中保持永恒;在属于我们的舞台上,我们绽放了最美的花朵,在大学宝贵的时光中,我们用奋斗与激情为自己的人生写下灿烂的一页。

乙:××大学第七届校园“外语节”系列活动开幕式暨“舞动青春”文艺晚会到此就落下帷幕了。再次感谢各位领导及来宾的光临,感谢老师、同学们的支持。我们明年再会!祝大家晚安。

(资料来源:张红,《英语实用写作教程》,复旦大学出版社 2014 年版,第 220-223 页,有改动)

学习重点:主持词的写作方法。

学习难点:主持词的写作格式和写作要求。

一、主持词的特点与适用范围

主持词的适用范围非常广泛,无论是演出活动、集会,还是各种会议,只要有“主持人”,就会有主持词。一些单位或部门在举行各种会议、联欢会或竞赛活动时,大都有主持人。恰当的主持词是发挥主持人主持水平的关键。

主持词相对其他文体没有固定格式,它的最大特点就是比较富有个性。主持词按照主持的场合划分,可以分为活动主持词和会议主持词两大类,不同类别的主持词各有特点。

(一)活动主持词

1. 紧扣主题,兼顾全体。无论主持词的类型是哪种,都必须紧扣活动、仪式或者会议的主题,兼顾全局,力求选择与活动内容风格一致的主持词。

2. 工于开场,巧于连接。合适的开场白对于确定主题基调、表明宗旨、营造气氛和沟通情感等十分重要,同时要起到承前启后的作用,为即将推出的节目、议项或环节等做好铺垫,使其前后融为一体。

3. 注重结尾,留下余韵。结尾要运用各种技巧和手段,或掀起高潮,给人以鼓舞和欢笑,或波澜不惊,给人留下回味和思考,但切忌粗疏草率。

4. 把握分寸,表现适度。不能喧宾夺主,不能随意增减活动、仪式或者会议的议程,因为主持词只是起到把握节奏、控制程序、穿针引线和拾遗补阙的作用。

(二)会议主持词

1. 地位附属。主持词是为领导讲话或其他重要流程服务的,结构和内容由会议议程决定,因此主持词从结构到内容都要服从并服务于整个会议。

2. 篇幅短小。篇幅不宜过长,要抓住重点,提纲挈领,主次分明。

3. 语言平实。与严肃的会议气氛相适应,在语言运用上应平实、庄重、简明、确切。要开门见山,直入主题,尽量不用修饰和曲笔,切忌含糊其词、模棱两可。

4. 重在头尾。开头的会议背景介绍和结尾的会议总结与任务布置是会议主持词的重点,中间部分分量相对较轻,只要简单介绍一下会议议程即可。

二、主持词的写作格式与注意事项

虽然主持词没有固定的写作格式,不同内容的活动或者节目,主持词所采用的形式和风格都不相同,但是,一般会有开场白、中间部分和结束语。

(一)开场白

开场白是演出、仪式或者会议等开场时引入主题的道白,类似于文章、介绍或者讲话等开头的部分。

（二）中间部分

中间部分是演出、仪式或者会议进行过程中，用于串联和承上启下的文字内容，根据具体情况，一份主持词的中间部分可能包含多个小段。

（三）结束语

结束语是演出、仪式或者会议在结束时带有总结性的一段话。

由于主持词富有个性，写作时就相对比较随意，因此写作时要注意以下一些问题，以免主持词喧宾夺主，引起与会者或来宾的反感。

1. 突出主旨并贯穿始终，使会议或者活动的主题逐步深化、环环相扣，不断将活动或会议推向高潮。

2. 写好开场白，把握好最大程度吸引观众、符合主题创设情境、发挥特色导入主题这3个环节。例如可以从以下方面着手：吸引观众的视线（问候所有来宾或与会者），把握观众的心理（对现场和当时情境加以描述，让其感到熟悉和亲切），导入主题（迅速进入主题或节目的欣赏）等。

3. 要增加主持词的文学素养和文化内涵，旁征博引、寓教于乐，向观众传播文化知识。

4. 熟悉主持对象，增强艺术表现力。比如，主持人是针对少年儿童的，其主持词应尽量采用具有少年儿童特征的语言，过于成人化反而不好。

5. 借用唐诗、宋词，提高主持词本身的艺术感染力。比如，主持词写作中，可以适当运用诗词中的平仄、对仗、押韵等技巧，使主持人读起来朗朗上口，听众听起来具有节奏美。

【例文】

工作会议主持词

各位领导、同志们：

现在开始开会。今天会议的主要内容是传达集团公司年度安全工作会议精神，安排部署我公司工作。

参加今天会议的有：公司董事长、总经理×××，副总经理××，各部门主要负责人等。

会议有两项议程：一是副总经理××传达集团公司年度安全工作会议精神；二是董事长、总经理×××讲话。

下面，进行会议的第一项议程：请副总经理××传达集团公司年度安全工作会议精神。

……

接下来，进行会议的第二项议程：请董事长、总经理×××讲话。

……

刚才，副总经理××传达了集团公司年度安全工作会议精神，董事长、总经理×××就如何做好我公司本年安全工作做了讲话，提出了明确要求，希望大家认真领会，抓好落实。下面，就贯彻落实好这次会议精神，我再强调两点意见：

一是要传达好会议精神。公司各部门尽快召开专题会议进行研究部署，并结合本部门实际，制定切实可行的工作方案。

二是要抓好工作落实。安全工作不能流于形式，要按照集团公司的要求，至 12 月底要全面完成任务。因此，大家要抓紧启动，切实做好相关工作，保证公司按要求做好安全工作。

会议到此结束。谢谢大家！

课后练习

假如你是学院的学生会主席，需要主持一场毕业晚会，请结合主持词的写作特点，撰写一篇主持词。

第二节　会议记录

课程导入

下面是小王的会议记录。

会议记录

会议时间:××××年×月×日

会议地点:13 层会议室

会议主持:公司总经理×××

会议主题:加强劳动纪律,整顿工作作风

参会人员:公司全体职工

缺席:××(标明缺席原因,如外出学习、出差、生病等)

会议记录:×××

总经理×××:为加强公司各部门劳动纪律、整顿员工工作作风,组织召开此次职工大会,望大家谨记会议精神,各负其责,做好本职工作。关于劳动纪律我主要讲以下几点。

1. 上班期间禁止扎堆聊天,禁止上班期间擅自离岗,各部门要紧抓劳动纪律管理,整顿工作作风。

2. 职工手册已经下发,望各部门组织学习,按照规章制度办事,凡违反规章制度者,一律按照员工手册进行处罚。

3. 公司纪律工作小组每周进行两次抽查,对于检查中发现的问题,根据具体情况进行相应的奖励与处罚。

副总经理××:关于规范劳动纪律我进行以下补充。

1. 除特殊情况外,请假一律需要上交假条方可执行。如遇紧急情况,需向部门负责人请假方可执行。未经允许擅离岗位者,一律按旷工处理。

2. 关于工作期间擅自离岗一事,公司纪律工作小组每周进行两次抽查,凡未经同意者一律按照当天事假处理。部门负责人因事中途离岗需经理批准,否则按照当天事假处理。

总经理×××:各部门负责人应带好头,加强责任心,部门出现的问题应及时向部门负责人汇报,部门负责人解决不了方可上报公司。还要优化请假流程,员工请假必须由部门负责人签字同意后方可执行,禁止越级请假。各部门应遵守劳动纪律,整顿工作作风,团结协作,工作上互相帮助,生活中互相关心,将公司打造成具有凝聚力的团队。

散会。

主持人：×××（签名）

记录人：×××（签名）

（资料来源：林红卫、李康，《现代应用文写作》，机械工业出版社 2021 年版，第 63 页，有改动）

思考：这篇会议记录是否规范？会议记录有什么具体要求？

学习重点：会议记录的写作方法。

学习难点：会议记录的写作格式和写作要求。

一、会议记录的概念及特点

（一）会议记录的概念

会议记录是会议记录人在开会时当场将会议情况和会议报告、发言、讨论、决议等内容如实记录下来的文书。

（二）会议记录的特点

1. 真实性

会议记录要求对会议情况做客观真实的记录，要记录会议的原始自然状态。会议记录人只有如实记录的权利，不能进行增添、删减、加工、提炼。

2. 资料性

会议记录是分析会议进程、研究会议议程的依据，是编写会议简报和撰写会议纪要的重要资料，还可以作为原始资料编入档案长期保存，以备需要时查阅。

二、会议记录的方法

(一)摘要记录

一般会议只要求有重点地、据要地记录与会者的讲话、发言以及决议,不必"有闻必录"。所谓重点、要点,是指发言人的基本观点和主要事实、结论。对于一般性的例行会议,只需概括地记录讨论内容和决议的要点,而不必记录详细过程。

(二)详细记录

对于特别重要的会议或者特别重要的发言,要做详细记录。详细记录要求尽可能记下每个人发言的原话,不管重要与否,最好还能记下发言时的语气、动作、表情及与会者的反应。如果发言者是照稿子念的,可以把稿子收作附件,并记下稿子之外的插话、补充解释的部分。

三、会议记录的内容与写法

会议记录的结构:标题+会议组织概况+会议内容+结尾。

(一)标题

标题由会议名称加文体名称组成,即《××××会议记录》。如果使用的是专用的会议记录本,连"记录"二字也可省略,只写会议名称即可。

(二)会议组织概况

1. 会议时间

要写明年、月、日,上午、下午或晚上,××时××分至××时××分。

2. 开会地点

如"××会议室""××礼堂"等。

3. 主持人的职务、姓名

如"校党委书记×××""公司总经理×××"。

4. 出席人

根据会议的性质、规模和重要程度的不同，出席人一项的详略也会有所不同。如果人数不多，可一一写明姓名。如果人数较多，可以只显示身份和人数，如“各部门经理”“全体与会代表”等。如果出席人身份复杂，如既有上级领导，又有本单位各部门的主要领导，还有各类有关人员，最好将主要人员的职务、姓名一一列出，其他有关人员则分类列出。

5. 列席人

列席人的身份、姓名，可参照出席人的记录方法，写出姓名或只写列席人员范围。

6. 缺席人

如有重要人物缺席，应做出记录，并注明缺席原因。

7. 记录人

包括记录人的姓名和部门。

（三）会议内容

会议内容部分随着会议的进展逐步完成，没有具体的固定模式。一般包含以下几方面：会议的议题、宗旨、目的，会议议程，会议报告和讲话，会议讨论和发言，会议的表决情况，会议决定和决议，会议的遗留问题等。这是一些会议必备的项目，但侧重点会有所不同，先后次序也会有所不同。

（四）结尾

会议结束，另起一行写“散会”两字。最后，由主持人和记录人对记录进行认真校核后，分别签上姓名，以示负责。

四、会议记录写作的注意事项

会议记录是帮助我们今后了解情况，进一步研究工作，总结经验的重要材料，写作中要注意以下几点：

（一）要如实地记录别人的发言

不论是详细记录还是摘要记录，都必须忠于原意，不得添加记录者的观点、主张，不得断章取义，更不允许有意增删发言内容，尤其是会议决定之类的内容更不能有丝毫出入。会议记录一般不宜公开发表，如需发表，应征得发言者的同意。

（二）要点不漏，记录的详细与简略，要根据情况决定

一般地说，决议、建议、问题和发言人的观点、论据材料等要记得具体、详细。一般情况的说明，可抓住要点，略记大概意思。为了提高记录速度，保证记录的真实性，可以适当使用辅助工具，如录音笔等。也可以使用一些自己熟悉的简称、代号、符号，待会议结束后整理时再补上全称或原称。

（三）做好会前的准备工作

大型会议应事先拿到大会议程及相关发言材料。记录人员要提前到达会场，记录席位要注意尽可能靠近主持人、发言人或扩音设备，以便于准确清晰地聆听他们的讲话内容。从某种程度上讲：记录人员比一般与会人员更为重要，安排记录席位要充分考虑其工作的便利性，记录人员如果对参会人员不够熟悉，应事先用草图标注座位，以便准确记录发言人的发言内容。

（四）提高会议记录人员的基本素质

记录虽然不等同于文章撰写，但同样是一项精细、认真的文字工作。首先，记录人员要有一定的政治素质。要抱着真实、公正和实事求是的态度按照会议实际进行内容记录。其次，记录人员要有较高的业务素质。记录人员要随着会议的进行，理解和掌握会议的主要精神，抓住发言的中心和关键话语，注意不同的意见、补充的意见等，要用清晰、通顺的文字迅速记录下来。同时，记录人员最好能熟悉讲话人的讲话习惯。

（五）会议记录人员要有较强的责任心

记录人员要有高度的政治责任感和强烈的事业心，做会议记录时，一定要聚精会神，一丝不苟。

【例文】

××市城南开发区管委会办公会议记录

时间:2017 年 4 月 6 日上午 9 点

地点:管委会会议室

主持人:×××(管委会主任)

出席者:×××(管委会副主任)、×××(市建委副主任)、

×××(市工商局副局长)、×××(市建委城建科科长)

列席者:管委会全体干部

记录人:×××(管委会办公室秘书)

讨论议题:1. 如何整顿城市市场秩序。2. 如何制止违章建筑建设,维护市容市貌。

×××报告城市现状:(略)

讨论发言:(略)

与会人员经过充分讨论、协商,一致决定:

由工商局牵头,管委会及其他部门配合,第一周宣传,第二周行动,监督落实,做到坐商归店,摊贩归点,农贸归市,彻底改变市场紊乱状况。

由管委会牵头,市建委等单位配合,对全区建筑工地进行一次彻查,然后召开一次施工单位会议,对违章建筑、违章工场限期改正。一个月内改变面貌。过时不改者坚决照章处理。

散会。

主持人:×××(签名盖章)

记录人:×××(签名盖章)

2017 年 4 月 6 日

(资料来源:袁智忠、邓翠菊,《应用写作》,西南师范大学出版社 2020 年版,第 139-140 页,有改动)

课后练习

1. 简述会议记录的特点。
2. 简述如何才能准确地撰写会议记录。

第三节　计划

课程导入

小王打算大三毕业进行专升本考试，为了能有更好的学习效果，小王想为自己制订一个计划。那么，计划要怎样写呢？有哪些细节需要注意？

学习重点：计划的概念与性质。
学习难点：计划的类型及写作要求。

一、计划的概念与性质

计划是一种常用的事务文书，是各类机关、团体、企事业单位及个人预先对未来某一个特定时间内，所要完成的工作或要完成的相关任务所做的书面化、条理化、可执行的部署。通常情况下，单位和个人为了完成未来一定时期内的某项工作、生产、学习任务，都要预先根据党和国家的有关方针政策和上级有关批示精神，结合本单位及个人的实际情况，确定明确目标，提出具体要求，做出安排部署，制定相应措施，并把这些目标、任务、要求、安排、措施等写成书面材料，或下发下属单位落实执行，或上送上级机关请求指导，或作为自身开展工作的依据。这种书面材料，便称为计划。人们通常所说的规划、纲要、设想、方案等，都属于计划类文体。

二、计划的意义和作用

在实际生活中，上至国家机关，下到企事业单位及个人，为了科学、合理地完成好某一件事情，事先总要明确其目的和意义，有一个打算和安排，制订出合理的计划。计划是管理工作的重要环节，是克服工作中的盲目性的有效方法，能避免工作过程中绕弯路。因此，计划具有以下三个方面的重要作用。

（一）建立科学的工作秩序，提高合理的工作效率

《礼记·中庸》说道："凡事豫则立，不豫则废。言前定则不跲，事前定则不困，行前定则不疚，道前定则不穷。"西汉司马迁在《史记·高祖本纪》中说道："夫运筹策帷帐之中，决胜于千里之外，吾不如子房。"《孙子·计篇》中曾引用"谋定而后动，知止而有得"。有了计划，就有了明确的目标、明确的方向和具体的要求，根据目标、方向、要求就可以合理地安排人力、物力、财力，进而有效地协调工作，把各方面的意志和行动统一起来，增强自觉性、主动性，减少盲目性、随意性。

（二）预防工作中的偏差，争取过程中的主动

计划具有一定的预见性，可以根据以往工作中取得的经验教训，对未来工作中可能出现的情况、问题进行科学的估计和预判，并提出相应的措施和方法，从而有效地防止未来工作中可能出现的偏差，在工作开展中争取积极主动。

（三）便于上级领导的监督，利于自我内省

计划一旦制订出来并经过规定的程序审验通过后，便可以视为制订计划部门在计划实施期间，接受上级领导检查、考核工作进度和质量的标准和重要依据。因此，计划本身为上级部门的指导及群众的监督提供了便利条件。

三、计划的特点

(一)较强的针对性

计划是根据党和国家的方针政策、上级部门的工作安排和指示精神或针对本单位或个人的工作任务、主客观条件和相应能力而定。计划往往是某个部门或个人针对某项工作的“量身打造”。因此,从实际出发制订出来的计划才有意义、有价值,实施结果才可以被借鉴,过程经验才可以被利用。

(二)科学的预见性

计划不是盲目的、空想的,而是以上级部门的规定和指示为指导,以本单位的实际条件和个人的实际情况为基础,以过去的成绩和问题为依据,对今后的发展趋势进行科学预测后做出的。因此在未来的工作中,我们就要紧紧围绕计划制订的中心要求和完成重点进行科学安排。

(三)执行的可行性

针对性强、预见准确的计划,在实践中才真正可行。若目标定得过高,在实施过程中非主观能力所及,或受客观因素制约较多,措施难以实施,则计划就是纸上谈兵、华而不实;若目标定得过低,在实施过程中轻而易举就能完成计划所涉及内容,表面看虽容易实现,但措施方法没有科学性和创新性,而且对未来工作没有任何值得借鉴之处,那么计划将是劳而无功。

(四)实施的制约性

在工作中,计划一旦被制订或撰写出来,只要经过了上级领导审核同意,就必须按照其内容要求开展工作。而且在实施过程中,务必符合计划制订时提出的预期目标和工作完成质量。如果计划制订后,对其漠然置之,在工作中仍是毫无约束、随心所欲,不考虑客观实际,那么计划制订的意义将不复存在。

(五)严谨的时限性

无论是长期计划还是短期计划,都是在特定的时间内有效,或是在规定的时限内有存在价值。如超出了计划内所涉及的完成时间,即使相关内容完成得较为出色,那么也脱离了计划制订的初衷。

四、计划的种类

计划的种类很多,分类的角度也较多。归纳起来,计划可以从以下角度划分成相应的种类。

(一)从计划涉及的对象划分

即按照计划所针对的工作、活动的实际内容分类。有国民经济计划、工作计划、生产计划、学习计划、教学计划、活动计划等。

(二)从计划实行的范围划分

即按照计划所安排、部署的工作和活动,在执行、实施时所涉及的范围分类,计划有国家计划、部门计划、单位计划、个人计划等。

(三)从计划的内容范围划分

即按照计划所针对的事项在全局中的覆盖、包容情况分类。大体有综合计划、单项(专项)计划等。

(四)从计划实行的时间划分

即按照计划所涉及的时间段分类,如年度计划、季度计划、月计划、周计划等。

(五)从计划的制订形式划分

即按照计划服务于不同的工作要求分类,如条文式计划、表格式计划、条文表格混合式计划等。

五、计划的写作格式

计划属于事务类文书,因此它有着和其他应用文相类似的写作格式和具体要求。计划也是由标题、正文和落款组成的。

(一)标题

计划的标题与其他文种的标题相比较,增加了一个时间要素,主要有以下几种:

1. 制订计划单位的名称+事由+计划适用时间+文种,例如《陕西省职业教育服务乡村振兴战略三年行动计划(2020—2022年)》。

2. 计划适用时间+事由+文种,例如《2020年中考招生计划》。

3. 计划内容+文种,例如《节能减排与减少大气污染工作计划》。

4. 双行标题,例如《站在机遇的起点 迎接全新的挑战——×××学校创建"双一流"高校工作实施计划》。

以上几种未在标题中标明制订计划单位的,可以在计划书的落款处写明。

有的计划由于还没有定稿,尚处在酝酿讨论过程中,或是计划已经完稿但未经得上级领导审核通过,这就需要在标题里把这种情况反映出来。一般是在标题的后面或者下边写上"草稿""初稿""试行稿""讨论稿""征求意见稿"等字样。例如《×××学校党建工作计划(讨论稿)》。

(二)正文

计划的正文部分一般包括前言、主体和结尾,其中,前言是计划的开头部分,简明扼要地说明制订计划的背景原因、目的或依据,提出工作的总任务或总目标。

我们从前面提到的"计划的种类"中了解到,从计划的制订形式可以划分为"条文式计划"和"表格式计划"。所以根据此种划分方式,《黑龙江省中长期青年发展规划(2017—2025年)》就属于条文式计划。

根据条文式计划特点,可以得知表格式计划通常会出现在内容相对简单的计划中。将计划中的任务、目标、措施、进度等要素依次填入到制定好的表格中即可,让人阅读时一目了然,清晰明了。

(三)落款

相对于计划的前言和主体,落款部分要求较少,但绝对不能因此而掉以轻心。落款就是计划正文结束后,要写上单位名称和制订计划的具体时间。如果文件要进行外发，还需要加盖发文单位的公章，而内部发文一般不加盖公章。

有些部门和单位会要求在计划的落款处加写撰稿人和审阅人的相关信息，但不作为硬性要求，具体方式结合本单位、本部门要求即可。

六、计划的写作要求

（一）立足实际，着眼未来

计划在制订过程中务必要根据现有条件和客观实际，同时要科学分析计划实施后的发展轨迹和发展方向，除了要“看得见”“摸得着”，更要“有高度”“有广度”“有深度”，有可持续发展的路径和丰富多样的前进方式。

（二）内容具体，操作性强

根据计划的特点，计划在制订过程中必须要逻辑清晰、条理分明、思路缜密。计划制订的内容不能模棱两可、左右逢源。工作目标和实施措施要有一定的前瞻性和创新性，要切实符合本单位或个人的发展内在需求，切忌只顾“高大上”，不顾客观实际，要摒弃虚无缥缈的“假大空”。

（三）点面结合，重点突出

制订计划必须要周密细致、详尽周全，工作中所涉及的问题要考虑全面。但是在写作中不能面面俱到，要突出重点，分清工作中的主次关系，理清工作内在逻辑顺序，尽最大努力完成主体工作任务，发挥计划的最大价值和效能。

（四）连续灵活，留有余地

绝大部分的计划往往都是汲取了前段工作的经验教训，谋划未来一段时间的工作内容，同时它也会成为下一个同类计划的撰写基础。所以片段化、单一化的计划势必会割裂整体工作的延续性。因此制订计划应符合工作发展的整体需求，形成环环相扣、彼此呼应的连续性。此外，计划具有事前行文的特点，在实施中难免存在阻碍工作发展的客观因素，因此计划在制订时应留有一定的余地，以便此种情况发生时，可灵活调整。

【例文】

×××学院××××年工作计划

×××学院××××年将认真总结、分析“十三五”规划中取得的优势和成果，以建设高水平高职院校为契机，聚焦职业教育内涵发展，坚持把“立德树人”作为根本任务，持续深入推进职业教育的各项改革，努力实现构建现代职业教育体系的工作目标。现结合我院实际情况，特制订此计划。

一、总体思想

坚定政治信仰，深入学习贯彻习近平新时代中国特色社会主义思想，增强“四个意识”、坚定“四个自信”、做到“两个维护”，严格遵守党的政治纪律和政治规矩，让“不忘初心、牢记使命”主题教育成果持续巩固和深化。认真贯彻学院党委的指示，围绕学院中心工作，发挥×××学院工作职能。进一步加强院部管理，优化教育环境，提高管理服务水平，努力实现高水平高职院校的新局面。

二、党务工作

（一）坚决落实全面从严治党的主体责任

把思想和行动统一到中央的重大决策部署上来……

（二）落实立德树人根本任务

把理想信念放在第一位，加强党史、新中国史、改革开放史、社会主义发展史教育，教育学生听党话、跟党走……

（三）加强领导班子和干部队伍建设

……

（四）充分发挥党支部的战斗堡垒作用

……

三、教学工作

（一）加强专业内涵建设和教学团队建设

推进品牌、特色专业建设，按照扶强、扶特的专业建设原则，培育建设专业，完善人才培养方案和实训设施，不断打造品牌特色专业。强化“双师型”教师队伍建设，增强教师专业技能和实践教学能力……

（二）推进教学改革

以专业教学团队为主导，以课程改革为突破点，推动课堂教学和人才培养模式的改革。借助×××等平台，丰富教学资源，开展课程标准化建设……

（三）建立科学的教学评价体系

……

（四）突出教学整改重点，健全教学质量保障体系

……

四、就业工作

我院将在下半年继续加强毕业生的自主择业、灵活就业的能力，加强学生“双创”意识。同时院部积极拓展专业实习实训基地的建立，为学生“好就业、就好业”创造平台……

五、学管工作

（一）坚持“立德树人”，深入推进新形势下高职院校思想政治工作

……

（二）着力打造一批思想觉悟高、业务素质强、专业技能优的学生管理团队

1. 加强辅导员队伍建设……

2. 加强学生干部队伍建设，提升学生干部素质……

3. 加强党风廉政建设。按照学院党风廉政建设工作要求……

（三）继续加强学生活动建设

通过举办开学典礼、军训动员大会、班团会等，把社会主义核心价值观融入教育的全过程，积极创新形式和手段，凝聚学院精神，形成优良的校风、教风、学风，促进学院内涵建设，确保月月有主题，班班有教育。

××××年××月××日

课后练习

1. 简述计划的写作特点和种类。

2. 计划在实际工作、学习、生活中有何意义和作用？

3. 结合个人专业特点撰写一份学习计划或工作计划。

第四节　总结

课程导入

小王在一次比赛中取得了一等奖的好成绩，这也是小王所在单位的最好成绩。不管是从单位角度还是从个人角度，小王都需要对此次比赛进行总结。那么，两个不同角度的总结会有什么不同吗？

学习重点：总结的写作方法。

学习难点：总结的写作格式和写作要求。

一、总结的含义及作用

（一）总结的含义

总结是单位组织、集体或个人对以往某个特定时期内的学习、生活、工作等内容进行全面回顾、分析、研究，进而评价得失，探求规律性认识，以利于指导下一阶段实践活动的一种应用文。总结是实际工作中使用频率较高的一种应用文体，它的应用范围很广，“小结”“回顾”“体会”等都属于总结的范畴，只是所反映的内容较简单，时间较短，范围较小而已。

（二）总结的作用

1. 总结经验教训，指导和推动下一步工作。“前车之鉴，后事之师。”总结是对实践的认识，是由感性认识上升到理性认识，是对实践的本质概括。可以通过总结分析出成功的因素和失败的原因，取得经验，找出教训，从而认识工作的规律性，把今后的工作推进到一个新的更高的阶段。

2. 为上级部门提供资料，作为改进工作、推广经验、制定政策的依据。总结写好后,一般都要作为汇报材料上交。上级部门通过这些总结材料可以了解情况,及时发现新经验或新问题,从而有利于及时推广经验,解决问题,制定相关政策,推动工作有序开展。

3. 沟通信息,交流经验,取长补短。总结是对实践活动的概括和反映,通过交流与上报,各单位、各部门之间可以互通情况,及时学习别人的经验和长处,弥补自己的短处和不足。

二、总结的特点

总结通常由本人或本单位撰写,一般用第一人称的语气,必须反映实践的全过程,在文笔上叙议并重,并且语气较谦虚。与其他应用文体相比较,总结具有以下主要特点。

(一)客观性

总结以回顾实际情况为内容,任何一篇总结都是实践的产物。其内容完全来自实践,观点和结论也是从实践中概括提炼出来的,反过来,它对实践又有直接的指导作用。因此,客观性是总结最基本的特点。

(二)理论性

总结以找出规律为目的,不能只是材料的简单罗列或流水账般的叙述,必须对客观事物本质和内在规律进行概括,也不能就事论事,而应就事论理,将感性认识提高到理性认识。在总结的行文中要进行较多的分析,从实践中总结出经验和教训,所以理论性较强。

(三)时效性

人们往往需要通过总结去认识自己在某一个特定时间内工作中的成败的原因,进而提高认识水平,增强前进的信心。上级领导机关也是从下级部门的总结中及时发现典型,推广经验,或发现问题并及时指导,防止出现错误和失败,所以总结特别讲究时效性。

三、总结的分类

总结的种类很多,其分类方法与计划相同。

(一)按性质分

有综合性总结和专题性总结(也称作全面总结与专题总结)。所谓综合性总结(全面总结),是指对某单位、某部门、某个人工作进行的全面性总结,要展现该单位、该部门或该个人一定时期内工作的全部内容。综合性总结包括的内容比较广泛,既要反映工作的概况、取得的成绩、存在的问题和缺点,也要写出经验教训和今后改进的措施等。但写作时也不能面面俱到,而要有所选择,突出主要工作和重要经验。一般年度总结属于此类。所谓专题性总结(专题总结),是指对一定时期的某项工作或工作的某一方面进行专门性总结。这类总结往往侧重于总结某一方面的成绩和经验,其他方面则可少写或不写。与综合性总结相比,专题性总结内容较具体、细致、集中、单一,针对性强。

(二)按内容分

有工作总结、生产总结和学习总结等。

(三)按时间分

有年度总结、季度总结和月份总结等。

(四)按范围分

有单位总结、小组总结、处室总结和个人总结等。

四、总结的写法

总结的结构由标题、正文和落款三部分组成。

(一)标题

标题必须准确、简洁,一般有以下几种写法。

1. **公文式标题**

由单位名称+时限+内容+文种构成,如《××学院××处××××年工作总结》。

2. **文章式标题**

根据总结的内容概括出来,多用于经验性总结,如《抓住机遇,发挥优势,促进教育事业发展》。

3. **双行标题**

正题用文章式标题,点明总结的主要观点或主要内容,副题采用公文式标题,补充说明单位、时限、内容。如《抓改革、促管理、增效益——×××单位××××年工作总结》。

(二)正文

正文由开头、主体和结尾三部分组成。

1. **开头**

开头(也称为前言)要求概述基本情况。一般是交代在什么情况或背景下做了哪些工作,取得了哪些成绩等,写明工作的依据、指导思想、综合成果等,给阅读者一个总体印象。总结的开头一般要写得简明扼要,用词精练、高度概括。例如"××××年,我们在××××的领导下,认真贯彻……的精神,开展了……工作,实现了……"这种导语式的开头,对全文的展开能起到提纲挈领的作用。不论用哪一种形式开头,都要做到开门见山、简明扼要、紧扣中心、统领全文,有吸引力。

2. **主体**

主体一般包括以下三方面内容。

(1)基本做法、成绩和经验

成绩,是指在工作过程或工作实践中所取得的工作业绩或标志性成果。对于工作业绩和标志性成果要使用一些客观、科学、准确而重要的数据表现出来,也可以加入一些具体的实例,使总结具有一定的感染力和说服力。经验,是指在工作实践过程中取得工作业绩或标志性成果的原因和条件,因为有成绩就会有经验。如某体会,是在摆事实、讲道理,谈过程、讲成绩的基础上概括出来的规律性的东西。即通过对实践的总结,找到成绩与做法之间的内在联系,把感性认识上升到理性认识。这部分是总结的主要部分,是总结的重点。要写明在什么思想指导下,做了哪些工作,采取了哪些措施,取得了哪些成绩,其主客观原因是什么,有哪些体会等。其中做法与成绩的说明是基础,经验和体会的总结是重心。因为抓住了基本经验,总结就有了主题,而从做法和成绩取得的过程中找到规律性的东西则是写好总结的关键。要写好这部分的内容,一定要注意点面结合,详略结合,叙议结合,重点突出,数据具体,叙议得当,切忌面面俱到,不分主次,或者写成流水账。此部分常用的写法有以下两种。

①先提出经验、体会,再用具体的例证、数据、措施进行印证。

②先从回顾工作成绩入手,然后再归纳出经验、得出体会,并进行简要叙述。形式上一般可以采取列小标题的形式,也可以用序数逐条列出,还可以根据内在的逻辑关系分段表达。它的逻辑思路是:做了什么?怎么做的?做得怎样?

(2)存在问题或得到的教训

存在问题,是指在工作过程中切实感到由于某些客观或主观原因应该解决而暂时没有解决或没条件难以解决的问题。

教训,是指由于工作之初设定的主导思想不对、工作方法不对,或其他原因犯了错误,造成了工作上的损失而得出的反面经验。

此部分内容,可以单列一项阐述,也可以结合经验附带说明,或在整个总结的结束语中概括地提及。专题性总结此部分可略写或不写。

(3)提出新的工作目标或今后努力的方向

这是总结的结尾部分,根据不同的内容,这一部分也有多种写法,常见的有以下几种。

①根据已经取得的经验,针对存在的问题,具体而明确地指出今后的努力方向及具体任务、要求和措施。

②不写具体目标、任务和要求,只是一般性地表明态度和决心。有的总结,特别是专题性总结,写完成绩、经验即结束,而不写今后的努力方向。

总结的主体部分通常运用以下结构形式。

一是板块式。这是总结最常用的结构形式。把全篇分成若干板块,即基本情况、主要成绩和经验、存在问题和教训、今后努力方向等。为使层次清楚,每个板块可用小标题、序号等。这种结构形式的整体性较强,容量较大。

二是条文式。即在开头部分简略地概述情况,然后把总结的主要内容按其性质和主次，分成若干部分，使用一、二、三……序号逐条排列，边叙述，边分析，边归纳出经验教训。

三是小标题式。即围绕主旨，把正文分为若干部分，分列出小标题，每个小标题都是对每个部分中心内容的概括。

四是全文贯通式。一些内容简单、篇幅短小的总结，从开头到结尾，既不用小标题，也不用分条列项，而是围绕主旨，叙述情况，总结经验，找出差距。

不论采用哪一种结构形式，都要以有利于全面、深入地表现总结内容为根本原则。

3. 结尾

结尾可以概述全文，可以阐述取得的经验所带来的效果，可以提出今后的努力方向或改进意见，也可以不要结尾段，主体收尾，全文结束。总之，不要用空洞的套话去结束全文。

（三）落款

总结的落款，一般在正文右下方写明总结的单位名称或个人姓名以及总结的日期，也可以在标题下正中或偏右处书写。

五、总结的写作要求

（一）实事求是

工作总结中常常会出现两种倾向：一种是“报喜不报忧”，只提取得的成绩，不谈工作过程中发现的问题或不足；另一种是将总结写成“检讨书”，把工作说得一无是处，没有一点值得今后工作可借鉴、可使用的经验。这两种倾向都不是实事求是的态度。写总结要从实际出发，实事求是地反映事物的本来面目，概括总结出事物本身固有的规律，而不是主观臆造的东西。

（二）找出规律

总结的根本任务就在于总结经验，找出规律性的东西，不断把工作推向前进。在占有材料的基础上深入地进行分析，探求出规律性的认识，这是写好总结的关键。如果像记流水账一样罗列材料，或一味地就事论事，那么写出的总结不可能对今后的工作有太大的指导意义。

（三）突出重点

总结往往要反映多方面的情况，因此要有所侧重，要根据具体的写作目的和实际工作的状况对内容进行取舍，确定重点，不能平均使用笔墨、面面俱到地泛泛而谈。总结的语言要简洁概括，不能追求华丽，不要重复啰唆，摒弃大话、套话。

【例文】

××××年总结报告

回顾这一年来的工作，我在公司领导及各位同事的支持和帮助下，严格要求自己，按公司的要求，较好地完成了自己的本职工作。通过这一年来的学习与工作，我在工作模式上有新的突破，在工作方式上有较大的改变，现将这一年来的工作情况总结如下。

1. 工作量：作为公司的一名工程研发技术人员，我现在的本职工作是对新品进行初步测试，对新机种样机进行制作、测试以及对测试报告进行整理，积极有效地配合研发工程师的工作，对其项目资料进行交接和整理，对样机测试过程中遇到的问题进行应对调试，指导新技术人员作业等。

2. 工作质量：通过这一年的锻炼，我现在可以很好地完成工作任务。我严格遵守公司的规章制度、工作规范和流程，对客户的意见和建议也能够很好地考虑和分析，设计的样品质量也较以前有所提高。对于项目工程师所分配的任务我能有效积极地配合，减轻了工程师的工作负担，提高了项目开发的速度，从另一方面也充实了自己的头脑。

3. 工作技能：在研发部的日常工作中，我学到了很多，比如样品的承认认证、样机的测试调试，对主要元器件有了更深刻的了解，对负载机、数字电桥等测试仪器能够更熟练地进行操作。但同时也遇到了一些难题……

4. 团队精神：作为公司的一名员工，我会树立起团队协作的意识，及时与同事进行积极有效的沟通，有问题及时向他们请教，相互取长补短，共同完成工作任务。

5. 沟通能力:沟通是合作的开始,优秀的团队必须沟通良好、协调一致。没有沟通就没有效率。沟通带来理解,理解带来合作。身为研发部的一分子,我会虚心接受领导在工作上对我的指导,及时与领导沟通,有问题及时向领导和同事请教,积极地听取他们的意见和建议,不断努力学习,不断提高自己!

当然,工作中有时也存在问题,相信在以后的工作中我会弥补这些不足,努力地提高我的专业技能,完善我的工作,为公司的发展尽自己的绵薄之力!

在此多谢公司领导的教导和支持。

××部门:×××

××××年××月××日

(资料来源:郭志宏、李全才、黄思明,《应用文写作》,吉林人民出版社 2018 年版,第 139-140 页,有改动)

课后练习

请撰写一篇个人年度学习总结。

第五节 条据

课程导入

小王刚刚毕业参加工作来到一个陌生的城市,需要租房,当他看好了一处住所后,打算交订金把房子确定下来,那么小王需要完成哪些事项,才能够保障他个人的权益呢?

学习重点:条据的写作特点。

学习难点:各类条据的写作方式和使用途径。

一、条据的概念和种类

(一)条据的概念

人们在工作和生活中,常常为办理涉及钱财和物品的各种手续而留下存根,或者为说明某种情况而留下字据,这种作为依据的字条就叫作条据。

(二)条据的种类

条据种类繁多,归纳起来,主要有凭证类条据和说明类条据两大类。凭证类条据可作为证据、凭证使用,内容涉及钱、物、数量等因素,有一定的契约意义,同时具有法律效力。借条、欠条、领条、收条等就属凭证类条据。说明类条据的作用主要是告知对方某个信息,向对方说明某件事情。这类条据只起说明、告知的作用,不具有法律效力。留言条、便条、请假条等就属说明类条据。

二、条据的特点

(一)一文一事,简洁明快

条据的特点在于一个“便”字:要求一纸文书,只讲一件事情。写起来简便,看起来方便,纸小而作用大。否则,文辞太长,眉目不清,会把事情搞乱,易出漏洞,造成不必要的麻烦和损失。

(二)强调手续性、时间性

较强的时间观念是这种文书的一个特点,写作者必须把时限写清楚。所以,在写作这样的文书时,必须把手续写明确。例如,写一张借条或收条,就一定要把谁借谁还、借还时间等写得明明白白,不得有误,否则事情就办不成,或者好心办坏事。

(三)请求办事,交代明白

在这种文书中,有一些是请求别人代办的内容,一定要把托人家代办的事情写明白。不能有所疏漏，否则事情是办不成的。例如写留言条，托朋友在上街的时候买一本书或捎一句话，就一定要把买什么书、给谁捎话写得明明白白。只有这样，事情才能圆满顺利地办成。

三、条据的结构和写法

（一）凭证类条据

1. 标题

标题一般都写在条据正文上方、居中，写明条据的名称，如收条、借条、代收条、欠条等。

2. 正文

凭证类条据的正文一般有以下三项内容。

（1）表明条据的基本性质等。凭证类条据一般情况下不写称谓，而是在标题下第一行空两格直接写明条据的性质等，如“今收到”“现收到”“代领到”等。

（2）主要内容。紧接性质、关系语，写明钱物名称、数量、归还日期等。

（3）尾语。凭证类条据的尾语可在正文的下一行写明“此据”二字，亦可不写。

3. 落款与日期

落款与日期写明当事人的姓名、日期，并在姓名处加盖印章或指印。

（二）说明类条据

1. 标题

在条据正文上方，写明条据名称，如留言条、请假条。

2. 称谓

在条据标题下的一行顶格写受文者姓名或称谓，如“××同志”“××老师”等。

3. 正文

另起一行，空两格。请假条需写明请假的缘由、请假的具体时间及希望批准等内容。如果是病假条，还须附上相关的诊断证明，留言条应写明告知、说明的事项。

4. **落款和日期**

落款和日期写在正文的右下角。

四、条据的写作要求

1. 标题一定要写明条据的性质。如受人委托代办某件事情，在条据的标题上就必须加上一个代字，例如代收条、代领条。

2. 欠条要将债权、债务关系的主体表达清楚，即谁是债权人谁是债务人。自然人为主体时，应核对其身份证上的姓名，条件允许时应在欠条上抄录居民身份证号。法人单位为主体时，应加盖单位公章。

3. 在凭证类条据中涉及钱财物品的时候，钱要写明币种，而且金额要用大写，以防涂改，数字前面不要有空格，最后数字如果不是“分”，一定要写上“整”字。

4. 收条或借条中涉及的物品名称、规格等需具体、准确，计量单位要明确。如果有修改的地方要加盖公章或按上指印，以避免不必要的麻烦。

5. 借条或欠条中，必须写清归还期限，以免无理拖延。如有利息约定，应写明，否则依法视为无利息，如有违约金约定，应写明。如有担保人，应注明担保方式，并写明担保人。

6. 避免因使用多音字、多义字而造成纠纷，如“还欠款人民币壹万元”，既可以理解成“已归还欠款人民币壹万元”，也可以理解成“仍欠款人民币壹万元”。

7. 条据的文字必须工整，文面必须整洁，凭证类条据署名必须手写。归还财物时应及时索回条据并销毁或妥善保管。

【例文 1】

收　　条

今收到教材科×××老师送来的《应用文写作》教材壹佰本。

此据。

经手人：×××

2020 年××月××日

【例文 2】

欠　　条

今欠付×××市新华书店《应用文写作》书款壹万叁仟伍佰陆拾伍元整，定于2020 年 9 月 12 日前付清全部书款。

此据。

×××学校（盖章）
2020 年 9 月 5 日

课后练习

1. 10 月 20 日，你因参加×××省学生职业技能大赛，不能参加学校 10 月20—10 月 23 日课程，请按照条据的相关写作要求，撰写一份请假条。

2. 假如你是学校学生会主席，6 月 10 日你要组织学生召开毕业实习动员大会，需要借用音响、麦克风等活动设备，请按照条据的相关写作要求，撰写一份借条。

第六节　调查报告

课程导入

小王对于不同年龄阶段的女性的消费习惯非常感兴趣，于是做了一个调查问卷，很多人都帮他完成了这个调查问卷。对于问卷中的问题，小王做了一个分析，那么他在撰写调查报告时应该怎么写？需要注意哪些事项呢？

学习重点：调查报告的写作方法。

学习难点：调查报告的写作格式和写作要求。

一、调查报告的含义和特点

(一)调查报告的含义

调查报告是针对某一现象、某一事件或某一问题进行深入细致的调查,对获得的材料进行认真分析研究,发现本质特征和基本规律之后写成的书面报告。它是机关团体常用的一种实用文体,也是新闻媒体常用的一种文体。调查报告有时也叫作“考察报告”或“××调查”。

调查报告可以通过对典型事例的分析、总结,得出具有方向性和普遍意义的经验,来推动工作有序开展。它是一些单位或部门掌握和研究某种情况,制定方针政策、措施的重要依据。调查报告可以用调查的事实教育说服群众,明确有关问题的真相,分清和明辨是非。

(二)调查报告的特点

1. 针对性

调查报告应针对社会的实际需要而产生。在一些工作开展过程中,常常会出现新情况、新问题,也常常需要有好的经验推广,调查报告正是从这一客观需要出发,就现实工作急需解决的各种问题,有针对性地进行调查研究之后所做的书面回答。

2. 真实性

调查报告的关键在于用事实说话,材料的真实和准确至关重要。任何社会调查都是为了了解客观实际,发现问题,解决问题,掌握规律。调查报告采用的材料必须是经过科学处理和认真核实鉴别的,而不是道听途说的。如果了解的仅仅是事物的表象,那么得出的结论,要么是假的,要么就不能反映本质规律,反而会对工作不利。

3. 典型性

所谓典型性,就是有代表性,能够反映客观事物的全貌和本质。所揭示的问题是否具有普遍性,所运用的材料是否具有代表性,是调查报告成败的关键。调查报告的典型性表现在两个方面:一是调查对象典型,二是文章所运用的材料典型。好的调查报告不仅对调查对象总结工作、提高认识具有指导意义，更重要的是对全局性工作具有现实意义和普遍的指导意义。因此，调查报告必须恰当地选择典型，深入研究，分析总结规律，找出解决问题的办法。

4. 论理性

运用调查所得到的材料说明事物的真相或本质规律是调查报告的最终目的。调查报告必须对调查的大量材料进行综合分析，从中概括出看法或观点，达到揭示事物本质和规律的目的。因而，撰写调查报告常常是由事及理，在表达上多采用夹叙夹议、叙议结合的方式。

二、调查报告的种类

调查报告的应用范围广泛，涉及的对象和写作目的不同，很难用一个统一的标准分类。一般将其划分为以下几类。

（一）总结典型经验的调查报告

总结典型经验的调查报告主要是以总结先进经验和宣传典型事迹为主，目的在于推广经验，指导全局性工作，利用先进经验和典型事迹推进工作。其特点是具体、形象、生动，便于为群众接受，可以达到事半功倍的效果。

（二）揭露问题的调查报告

揭露问题的调查报告以批评和揭露社会生活中的丑恶现象和工作中的不良作风、重大失误为主，目的在于揭示事情真相，指出问题的严重性，让人民群众看清其本质及其危害性，从而引起人们的重视，以吸取教训。

（三）反映情况的调查报告

反映情况的调查报告根据调查目的、范围和用途可分为两种。一种是反映具体情况的普遍性调查报告。其调研的目的是把某一个具体问题界定清楚，调研范围单一、具体，报告的内容一般用来作为处理某一具体问题的依据或重要参考。另一种是反映基本情况的综合性调查报告。其调研的目的是掌握某一领域或某一方面的概貌，调研范围相对宽广，涉及的对象较多，报告的内容主要用作解决宏观问题的参考，或者用于说明某种客观现象、某一学术观点。

三、调查研究的方法

搞好调查研究是写好调查报告的前提,因此,掌握科学的调查方法,将有助于调查工作的进行,使调查报告的写作更为全面、客观。随着科学技术的进步,调查研究的方法和技术有了一些新的发展。当前常用的方法有以下几种。

(一)会议调查

会议调查是调查研究的基本方法之一,为了做好会议调查,一要确定好人选,参加人数不宜过多,但要有代表性,并且是能正确反映情况的人;二要有调查提纲,并事先将调查的内容通知与会者,请他们做好准备;三要注意调查的方式,要和与会者平等地交谈,虚心听取他们的发言,也可与他们就某些问题进行讨论,对于个别问题则可以在会下交谈。

(二)个别访问

个别访问是一种自由灵活的调查方法。访问之前要有明确的目的,并要选好访问的对象,交谈要在自然融洽的气氛中进行。对于重点问题可采用讨论的方式,以获得更深入、更丰富的材料。个别访问可以是面对面的,也可以通过电话等方式。

(三)问卷调查

问卷调查是现代常用的一种调查方法,简便易行,它根据调查的内容,列出具体、简单的问题,请有关人士回答。这种调查方法涉及面广泛,灵活自由,限制较少,得到的材料真实性较高。为获得较好的调查效果,应正确选择调查的群体,问题的设计要科学,要便于回答。问卷调查可以采用抽样式,也可以采用普遍式,一份完整的问卷包括标题、问卷说明、被调查对象的相关信息、调查内容等。

(四)查阅文献

查阅文献就是进行书面材料的查阅,查阅资料的范围很广泛,包括历史材料、现实材料,包括各种图书、报刊等,凡是与调查内容相关者,均可以查阅。尽可能地使这些书面材料与其他调查方法获得的材料相互印证、相互补充，通过比较分析，才能准确地了解真实情况。

（五）网上调查

网上调查为较现代化、较快捷的一种调查方法。利用计算机联网的便利，将调查问卷发布到网上，在较短的时间内便可获得所需的材料。

调查的方式、方法是多种多样的，根据调查的目的和内容，可以采用某一种调查方法，也可综合利用几种方法调查。无论采用哪种方法都要注意材料的真实性。

四、调查报告的写法

调查报告一般由标题、署名和正文三部分构成。

（一）标题

调查报告的标题形式多样，总的来说可分为两种类型：一种是单行标题，一种是双行标题。

1. 单行标题

单行标题又分为公文式标题和文章式标题两种。公文式标题，如《关于普通高中教育成本的调查》。文章式标题，如《青少年究竟需要什么样的网络游戏？》《“航空母舰”逐浪经济海洋》。

2. 双行标题

双行标题由正、副标题组成。其中正标题一般采用文章式标题的写法；副标题则采用公文式标题的写法，由调查对象、调查事由、文体名称组成。如《营造美丽文明校园，仍需努力——2015 年××区创建文明校园工作调查报告》。

（二）署名

调查报告的署名就是写上作者的名字、单位名称，放在标题下一行居中位置。个人署名可以署于文尾右下方，也可署于标题右下方。

（三）正文

调查报告的正文分为开头、主体和结尾三部分。

1. 开头

开头又称前言。调查报告的前言一般根据主体部分组织材料的结构顺序安排，常用的有以下几种类型。

(1)提要式。提要式就是把调查对象最主要的情况进行概括后写在开头，使读者一入篇就能对其基本情况有一个大致的了解。

(2)交代式。在开头简单交代调查的目的、方法、时间、范围、背景等，使读者在入篇时就能对调查的过程和基本情况有所了解。

(3)问题式。在开头就提出问题，引起读者对调查课题的关注，促使读者思考。这样的开头可以采用提问的方式引出问题，也可以直接将问题摆出来。

2. 主体

主体内容是一篇调查报告的主干。主体通常以叙述为主，叙议结合，围绕前言所提出的问题，依次展开。调查报告的主体要解决两个问题：一是观点材料的组织，二是布局结构的安排。

(1)观点材料的组织。写任何调查报告都要确立明确的观点，全篇要确立总观点，各个组成部分也要确立服从总观点的分观点。总观点应当具有典型性、普遍性和针对性，应当反映客观事物的本质，应当具有较强的指导性和教育意义。总观点要包含分观点，分观点要说明总观点。总观点和分观点都是从调查的材料中经过分析研究而得出的。要根据总观点和分观点去组织材料，使材料为观点服务，将材料和观点有机地统一起来。

(2)布局结构的安排。调查报告是文字篇幅较长的应用文体，应当精心地安排好布局结构，一般来说，调查报告的主要结构有以下几种。

①横式结构。这种结构是把材料分成几个部分来写。每个部分观点鲜明，中心突出。采用这种结构方式，要处理好各部分之间的关系，如并列关系、因果关系、分总关系、主从关系等都应妥善安排。

②纵式结构。这种结构是按调查事件发生、发展的先后顺序，从头到尾加以阐明。

③综合式结构。这种结构安排兼有横式、纵式的特点，安排材料时将两者

特点相互融合。

3. **结尾**

调查报告的内容不同,结尾的写法也不同,一般来说,有以下几种写法。

(1)针对调查的内容,提出意见或深入研究的问题。主要写某些问题的调查报告,多以表明意见建议作为结尾。主要写某些新生事物的调查报告,多以提出有待深入研究的问题作为结尾。

(2)概括全文的基本思想,深化调查报告的主题。主要写某些方面基本情况的调查报告、推广某些典型经验的调查报告,多采取这种写法。

(3)补充式结尾。有些情况和问题,与调查报告的中心内容和主旨相关性较小,在正文部分没有提及,但又需要讲清的,可以在结尾处附带说明。

【例文】

应届毕业生回流就业倾向逐渐明朗
——2015年应届大学毕业生回流意愿调查报告

东北师范大学传媒科学学院“精确新闻”团队

近年来,劳动就业制度和毕业生就业制度的一系列改革,为毕业生就业“双向选择”创造了良好的条件,毕业生的选择许多源于创业冲动,而非就业压力。严峻的就业形势使得很多毕业生开始理性思考自己的毕业去向,大学生开始主动选择回流家乡寻求发展。通过社会调查了解2015届应届毕业生的回流意愿,预测回流的发展趋势,探讨毕业生回流的原因,解读就业信号的变化,可以在一定程度上指导大学生理性选择毕业去向。学校和政府也可根据回流趋势,调整招生结构,积极进行就业指导,帮助毕业生更好地就业。

1. 调查通过网上发放问卷获得应届毕业生回流数据

本次调查的内容主要包括2015届全国应届大学毕业生的回流现状与回流原因。其中回流现状主要包括回流意愿、回流途径、回流目的地以及可能影响毕业生回流意愿的影响因素及作用探析。对于毕业生的回流原因,调查对不同原因变量做具体描述,设计五级量表进行测量。家乡拉力方面包括:情感因素、政策因素、家庭因素、理想因素、生活成本。大城市推力方面包括:主观因素和客观因素。

本次调查通过在网上发放问卷《2015届应届大学生回流意愿调查》，共回收有效答卷469份。本次调查获取的有效样本包含男生263人(占比56%)，女生206人(占比44%)。本次参与调查的应届毕业生生源地主要分布在西南和东北，分别占比48%和22%，其次为华中(占比12%)、华北华东(占比10%)、西北(占比8%)。(由于华南地区样本较少，故不列入有效样本进行分析。对于华北和华东地区的样本则根据其地域及经济发达程度的接近性，做统一处理。)参与本次调查的毕业生主要来自西南和东北的大学(分别占比59%和20%)，其次依次为华中和西北(均为33个样本，占比7%)以及华北华东(共31个样本，占比7%)。

2.2015届毕业生的回流意愿超四成

调查显示，2015届毕业生的回流意愿较高，共占比41.8%(包括15.1%的毕业生非常想回家和26.7%的毕业生比较想回家)，而没有回流意愿的毕业生占比31.5%，其中9.5%的毕业生非常不想回家，另外还有26.7%的人觉得是否回家没有区别。这说明大多数人倾向或者不排斥回流。

与调查假设相反的，数据显示回流意愿与性别、专业门类、学历类型、大学所在地与生源地是否在同一省份、是否是独生子女、父母亲职业、家庭经济状况均无显著相关性。该结论与调查假设有较大出入，值得关注。

3.超半数回流者回乡就业，创业并非基于就业压力

综合分析回流毕业生的生源地，回流目的地与家庭所在地三个数据，共有56.7%的应届毕业生愿意回流到生源地所在城市，26.7%则回流到生源地所在省份，10.6%回流到同一经济文化区域，来自县城和乡村的毕业生则只有8.3%的应届毕业生想要回流到家庭所在乡、镇。这说明2015届应届毕业生的回流地以城市为主，大多为家庭居住地所在城市，也有不少选择同省或同区域有接近性的其他城市。

2015届应届毕业生主要选择的回流途径是直接找工作(占比42%)，其余依次为报考企事业单位(占比27%)，报考家乡的公务员、村干部(占比17%)，自主创业(占比9%)，最后是升学回流(只有5%)。

选择直接回流就业的两种毕业生(报考企事业单位和直接找工作)获得求职信息的方式主要来自人才招聘会(43.2%)，其次依次是网络搜索(32%)，朋友亲戚家人的介绍(18.4%)，社交活动(4%)和其他(2.4%)。说明人才招聘会

和网络是提供求职信息的最主要平台，而朋友亲戚家人介绍的比重不可轻视，说明人际关系在毕业生们获取求职信息时起到了一定作用。而社交活动虽然在大学生的日常生活中使用频繁，但对求职信息获得并无明显帮助作用。

选择回流创业的应届毕业生，对其创业原因进行分析，结果显示最主要的创业原因是想要实现自我价值(62.5%)，其次是想要自己当老板(50%)，之后是积累工作经验和增加经济收入(均占43.8%)，紧随发展趋势和实现就业的比例最小(分别占比12.5%和6.3%)。说明自我实现仍然是毕业生创业的主要动力，只有极少的人因为就业压力而创业。

4.家乡的吸引力击败了大城市的浮华

本次调查在对回流原因进行分析时，利用SPSS针对问卷中给出的原因描述(24个有关家乡拉力描述和19个有关大城市推力)的五级量表所得结果进行降维因子分析，共提取五个拉力因子和两个推力因子：

(1)家乡拉力：

A.情感因素(对家乡环境及人际关系的依恋)

B.政策因素(经济政策、回流政策、社会制度)

C.家庭因素(家庭期望、家庭责任、家庭陪伴)

D.理想因素(职业理想、建设家乡)

E.生活成本(住宿成本、交际成本、交通成本、娱乐成本)

对于五个因子进行均值比较(主要选取配对样本T检验和单因素分析)及显著性检验时，得到以下结论：

对拉力因子进行配对分析时发现，家庭因素的影响最为明显。数据说明父母的期望以及毕业生照顾父母的家庭责任感对毕业生回流产生了最大的影响，而对于家乡的情感依恋仍为重要影响因素，主要表现在对家乡环境和家乡人际关系的依恋。较低的生活成本也是吸引毕业生回流的因素之一，这在一定程度上来源于家庭资本的积累与分享。个人理想因素与政策支持因素影响力相对较弱，说明毕业生做出回流决定时，缺乏对家乡建设的理想与对回流政策的感知。

(2)大城市推力

A.主观因素(就业竞争力、个人理想、心理需求)

B.客观因素(生活成本、就业形势、社会制度、自然环境)

就大城市推力而言，客观因素的作用大于主观因素。首先，大城市的生活成本高、自然环境差以及就业形势的严峻等都使得毕业生对大城市产生一定的抵触心理，而更偏向于回到家乡就业。其次，大城市对于就业者相对更高的能力要求，也使得大学生衡量自己的就业竞争力，并综合个人职业理想的追求和心理需求等主观因素理性做出回流决定。但就大城市推力对于毕业生们回流的作用而言，并没有性别、学历、家庭经济状况等的显著区别。

家乡的拉力因素与大城市的推力因素共同作用促进了毕业生们回流，可以发现在对于2015届应届毕业生回流意愿的贡献上，家乡的拉力因素强于大城市的推力因素，说明家乡的吸引力比大城市的推力更有效促进了毕业生的回流。

5. 发展水平是东北地区毕业生回流的双刃剑

对于生源地为东北地区的应届毕业生，对其回流原因进行降维因子分析，可以得到五个有效拉力因子（经济发展、家庭因素、生活成本、环境因素、职业理想），通过因子间配对分析及显著性的检验，发现家庭因素和生活成本对于毕业生回流东北的意愿贡献力最大，而经济因素和环境因素贡献最小。

在被问及“是否会因为就业形势严峻而考虑回流”时，有65.9%的应届毕业生表示不会受到就业形势的影响。当然也有相当一部分人（29.3%）承认会受到就业形势的影响。由于此次问卷只表示毕业生的表层想法，可能与实际情况也会有所出入。

（资料来源：东北师范大学传媒科学学院“精确新闻”团队，《应届毕业生回流就业倾向逐渐明朗——2015年应届大学毕业生回流意愿调查报告》，《光明日报》2015年10月9日，有删改）

课后练习

指出下面调查报告的开头包括了哪几方面的内容？

大学生网络直播现状调查报告
以×××市为例

本次调查共发放问卷1180份，收回1175份，回收率为99.6%。在问卷调查的具体实施过程中，由×××学校×××专业的大学生担任调查员，参与调查问卷发放的学生经过了×××研究中心专家的培训。为了保证调查数据的科学准确性和真实性，调查时学生手持问卷，在餐区当场填写，调查员当场回收、审验。此次调查从问卷内容设计、调查方式的选取、调查的具体实施到数据的收集与处理都以科学、严谨、实事求是的态度为前提，按严格的程序执行，调查结果具有较强的信度与效度。根据调查结果归纳出以下四个部分，共十二个判断。

一、关于大学生直播的认知度和认可度

二、关于大学生直播的现实意义

三、关于大学生直播可能存在的问题

四、简短的结论与启示

……

第三章　机关公文类文书

第一节　概述

课程导入

小王是刚刚毕业的大学生，到一家物流公司办公室上班。刚到单位报到后，部门领导就给他拿了两个文件——《党政机关公文处理工作条例》和《党政机关公文格式》，让他好好学学，并嘱咐他这两个文件一定要熟记。有一天，小王按照领导的要求撰写了一份通知，在落款署名时，小王写的是“×××经理，2018年9月6日”。领导看了后让小王把落款改一下。

思考：为什么领导说小王的落款有问题？他应该怎么改？

学习重点：机关公文的分类。

学习难点：机关公文的格式及语言。

一、机关公文类文书的概念

机关公文类文书又称党政机关公务文书，简称机关公文。2012年4月16日，中共中央办公厅、国务院办公厅联合印发了《党政机关公文处理工作条例》，文中指出：“党政机关公文是党政机关实施领导、履行职能、处理公务的具有特定效力和规范体式的文书，是传达贯彻党和国家的方针政策，公布法规和规章，指导、布置和商洽工作，请示和答复问题，报告、通报和交流情况等的重要工具。”

二、机关公文的特点

机关公文是党政机关在处理工作事务时使用的一种特定文书。与一般的公文相比，机关公文有以下特点：

（一）作者的法定性

机关公文的作者是法定机关，即依法成立并能以自己的名义行使权力和承担义务的组织，例如，国务院、各级地方政府等。虽然其中有一些公文是以“组织的负责人”发文，如主席令、省长令，但是这里的主席、省长不是以私人的身份出现，而是代表其所在的组织依法行使职权。

（二）体例的规范性

机关公文具有特定的格式要求和使用规范，必须严格符合《党政机关公文格式》和《党政机关公文处理工作条例》中的相关规定。

（三）目标的特定性

公文的读者具有特定性，一些公文的读者是社会全体成员，一些公文的读者是特指的受文机关。公文的读者在具体格式上有特殊的规定，要用“主送机关”“抄送机关”“阅读范围”等项目最终确定。

（四）功能的权威性

机关公文是依据法律制定并发布的，是党政机关治国理政的重要依据，具有法定的权威性。一旦颁布，就具有法定约束力，受文单位必须严格遵守并执行。

（五）语言的严谨性

机关公文是代表党政机关意见的文书，因此语言必须严谨。制作并发布公文的目的就是传达发文机关的意图和想法,务求简洁严肃。

三、机关公文的分类

依据公文的性质、适用范围、来源等因素,机关公文可以划分为以下几种类型。

(一)按适用范围来划分

决议——适用于会议讨论通过的重大决策事项。

决定——适用于对重要事项做出决策和部署、奖惩有关单位和人员、变更或者撤销下级机关不适当的决定事项。

命令——适用于公布行政法规和规章、宣布施行重大强制性措施、批准授予和晋升衔级、嘉奖有关单位和人员。

公报——适用于公布重要决定或者重大事项。

公告——适用于向国内外宣布重要事项或者法定事项。

通告——适用于在一定范围内公布应当遵守或者周知的事项。

意见——适用于对重要问题提出见解和处理办法。

通知——适用于发布、传达要求下级机关执行和有关单位周知或者执行的事项,批转、转发公文。

通报——适用于表彰先进、批评错误、传达重要精神和告知重要情况。

报告——适用于向上级机关汇报工作、反映情况,回复上级机关的询问。

请示——适用于向上级机关请求指示、批准。

批复——适用于答复下级机关请示事项。

议案——适用于各级人民政府按照法律程序向同级人民代表大会或者人民代表大会常务委员会提请审议事项。

函——适用于不相隶属机关之间商洽工作、询问和答复问题、请求批准和答复审批事项。

纪要——适用于记载会议主要情况和议定事项。①

① 中共中央办公厅、国务院办公厅:《党政机关公文处理工作条例》,中国政府网,2013年2月22日。

（二）按行文方向划分

按照行文方向的不同，公文可以划分为上行文、下行文、平行文和泛行文。

（三）按时限划分

按照处理时限要求的不同，公文可以分为特急公文、急办公文和常见公文。

1. 特急公文：指内容事关重大而特别紧急，必须要以最快的速度制发并处理的公文。这一类公文必须在文面上注明"特急件"。

2. 急办公文：指涉及重要工作、必须急速形成和处理的公文。这一类公文较特急公文的处理时限可以稍缓，但文件上需注明"急件"。

3. 常见公文：指按照常规时间和程序办理的公文，在文面上不需注明。

（四）按机密程度划分

按照涉密程度的不同，可以分为绝密公文、机密公文、秘密公文和普通公文。

1. 绝密公文。绝密公文的内容涉及党和国家最高一级核心机密，一经泄露，会对国家的安全和利益造成特别严重的损害。绝密公文的阅读对象在一定时间内必须绝对限制在一定知晓范围内，它的保密程度最高，知密范围最小。

2. 机密公文。机密公文的内容关系到党和国家重要的秘密，一经泄露，会对国家的安全和利益造成严重的损害。

3. 秘密公文。秘密公文的内容关系到党和国家的一般秘密，一经泄露，会对国家的安全和利益造成损害。

4. 普通公文。普通公文是在本级机关、本级组织内相互传阅的没有密级的公文。

（五）按承担职能划分

按照承担职能的不同，公文可以分为指挥性公文、知照性公文、报请性公文、提议性公文等。

1. 指挥性公文，指表明上级机关决定意图，指挥下级机关和相关人员行动的公文，例如决定、决议、命令、批复等。

2. 知照性公文，指向有关对象通知和知照某些事项、规定、情况及要求的公文，如通知、公告、公报、通报、通告等。

3. 报请性公文，指向上级机关汇报情况或请示问题的公文，例如请示、报告。

4. 提议性公文，指向有关机关提出问题或建议的公文，例如议案。

5. 联系性公文，指机关之间联系工作时使用的公文，例如函。

6. 实录性公文，指以对实际情况的记录为基础形成的公文，例如纪要。

课后练习

1. 机关公文有什么特点？

2. 机关公文按适用范围可以分成哪几类？

第二节　决定

课程导入

小王自从学习了机关公文写作后，经常浏览各种公文网站。有一天他又在政府网站看到了两篇公文，一篇是《××省人民政府关于对××省人才的嘉奖令》，另一篇是《××市政府关于表彰××届劳动模范的决定》。看到这里，小王疑惑不解，为什么同样都是表彰，一篇要用嘉奖令，而另一篇要用决定呢？同时嘉奖令的落款是××省省长×××签名，而另一篇落款则是××市人民政府。为什么嘉奖令落款不是省人民政府呢？

思考：命令与决定的区别与联系。

学习重点：决定的分类。

学习难点：决定的格式及写作要求。

一、决定的含义

决定属于下行文,是上级机关针对工作的某些重要事项、重大问题、行动所做出的决策,一般必须经一定的会议程序讨论后做出,要求有关人员必须遵照执行,具有法规性的约束力。

决定适用于对重要或重大事项做出决策和部署,奖惩相关单位、部门和人员,变更或撤销下级机关不恰当的决定事项。通常来讲,只有遇到事关全局、政策性强、任务艰巨的重要或重大事项和工作的时候才能使用决定行文。

二、决定的特点

1. 指令性和强制性。决定一旦下达,相关单位、部门和个人必须依照决定执行,不得违抗。一些决定同时还兼具法规作用,如有违反,也会受到相应处罚。

2. 严肃性。决定是对重要事项做出的决策和部署,因此,决定的内容必须是严肃的,在表述上要简洁明确、果断有力,决不可模棱两可。

3. 稳定性。决定的稳定性是指其传达的上级指示及有关决策事项在相当长的时期内生效或要求在相当长的时期内贯彻执行。决定的稳定性主要表现在内容上,如果某个问题经上级机关研究做出决定,就要求在一段时期内严格贯彻执行。

三、决定的分类

根据内容,决定可分为周知性决定和指挥性决定。周知性决定一般包括表彰决定、处分决定、机构设置决定、人事安排决定等。指挥性决定一般是指对重大行动做出指示等,以便之后统一认识、规范行动。

根据写作意图的不同,决定可分为以下几类。

1. 指挥部署性决定。指挥部署性决定是对重要或重大事项做出规定,对重大行动做出安排和部署,要求下级有关单位、有关人员严格按照决定贯彻执行。这类决定体现了上级机关的真实意图,充分发挥了上级机关的宏观调控和具体指导作用，也叫部署性决定。

2. 奖惩性决定。奖惩性决定用于奖励相关有功人员，处理一些犯错误人员，为了树立先进典型，惩治不良行为。

3. 事项性决定。事项性决定适用范围相对广泛，内容相对具体，例如批准一些事项，设置或撤销机构，变更或者撤销下级机关不恰当的决定事项，安排和处理相关人事问题，决定召开重要会议，安排和处理某项具体工作等。

4. 法规性决定。法规性决定是指为了规范人们的一些社会行为和国家在某一方面或某些方面的管理工作而制定的相当于法规的重要决定。

四、决定的格式

决定一般由标题、主送机关、正文和落款构成。

（一）标题

标题一般由发文机关、事由和文种组成，也可以由事由和文种组成。例如中共中央、国务院做出的《关于广开门路，搞活经济，解决城镇就业问题的若干决定》。

（二）主送机关

决定一般要有主送机关，根据决定的内容和发放的范围而定。但是普发性的决定和会议通知的决定，一般不标注主送机关。

（三）正文

决定的正文主要包括三个方面的内容：一是决定事由，二是决定事项，三是结语。

1. 决定事由

决定事由主要说明为什么要做出这个决定，也就是说要做出这一决定的根据和理由。在此项写完之后，一般会以“特做如下决定”“现决定如下”等用语过渡到决定事项部分。

2. 决定事项

决定事项指安排或处理的问题或部署的重大行动。对于不同种类的决定，决定事项也是有所区别的。

(1)指挥部署性决定。指挥部署性决定的正文开头要求简写决定事由,然后重点写决定事项。这类决定涉及的内容通常情况下指挥性和政策性都很强。一般情况下,开头首先要讲明道理,其次布置任务,指出原则,最后拟出规定,交代办法,提出要求。决定事项通常采取分条列项写法,这样写能够让复杂的事情、众多的问题显得条理清晰,更容易让下级机关把握,以便于更好执行。

(2)奖惩性决定。一般可分为表彰决定和惩戒决定两种。表彰决定的正文主要写被表彰者的身份、主要事迹、对被表彰者或事迹的评价、决定的事项、希望与要求。惩戒决定的正文主要针对人和事,先点出错误事实,接着分析事情的性质、根源、责任及恶劣后果,之后交代被处理人对所犯错误是否有所认识和悔改,然后写处理决定,最后指出要吸取的教训,明确提出希望。

(3)变更性决定。变更性决定主要是对不恰当的决定事项做出变更或者撤销,要写出变更的缘由和最新的处理办法。这一部分可以根据不同的情况,可多可少,当然也可以一段到底或用小标题等表达方式。

(4)法规性决定。正文开头一般要写行文目的,然后按照条款形式逐一写出类似法规的决定内容。

3. 结语

决定的结语可以提出希望和相关要求,也可以公布具体施行日期,例如“本决定自××××年××月××日起施行”,当然也可以在决定事项结束后自然结束。

(四)落款

决定的落款,主要包括发文机关署名、印章和成文日期。如果标题中已出现过发文单位名称,落款处一般不需要再写。如果是会议通过的决定,需要在标题下的小括号里写出这个决定是在什么时间、什么会议通过的。

五、决定的写作要求

(一)内容必须符合党和国家的方针、政策,能够结合实际

在做出决定时,对所决定的事项要有充分的依据,即落实党和国家的路线、方针、政策和法律规定,同时还要结合本地区、本部门的实际情况,这是撰写决

定必须遵循的重要原则。

(二)事项明确具体,便于贯彻落实

决定的内容主要是陈述决定的事项、解决的办法、提出的要求等,表达要周密,明确突出,以便于贯彻落实。

(三)态度鲜明,语言决断

在做决定的时候,一定要使用“要”“不准”等词语,切记含混不清。只有这样,下级才会坚决执行。

(四)结构严谨

在撰写决定的时候,结构要符合逻辑,让人一目了然。

【例文】

关于向×××消防总队××中队学习的决定

近几年,×××消防总队××中队凭借着自强不息的发展之路,在完成党和人民赋予的各项任务中,冲锋先前,年年上水平,年年上台阶,保卫了地方经济建设和人民群众的生命财产安全,为精神文明建设做出了突出的贡献。先后荣立集体一等功一次、二等功两次、三等功两次,连续5年被总队评为先进中队;多次被评为省级“文明单位”和“学习雷锋志愿服务先进集体”。学习××中队的奉献精神,对于深入开展自身建设,快速推进全省消防安全工作开展,必将产生深远的影响。

一、学习他们坚定信念、奋发有为的时代追求。××中队有着坚定的政治信念,在平凡中求伟大,始终把“奉献精神”作为建队之魂,以实际行动创一流佳绩。要学习他们把思想建设摆在首位,爱岗敬业,服务人民的理念。

二、学习他们不畏艰险、顽强拼搏的优秀品质。××中队始终牢记使命、恪尽职守,摸爬滚打,苦练过硬本领,严管理,出精兵,在党和人民需要的时候能够挺身而出,出奇制胜,用实际行动向人民交上满意的答卷。

三、学习他们开拓进取、敢闯敢拼的精神状态。××中队成绩的取得不是一时的，他们善于解放思想，敢为人先，把“创一流业绩，建一流队伍”理念当作自己的信仰，全力奏响时代奋斗的强音。

四、学习他们服务社会，为地方经济做贡献的时代精神。××中队时时处处想着人民群众，有险必救，视人民如父母，竭诚为人民服务，始终走在时代的前列。

全省消防队伍要掀起向××中队学习的热潮，各单位要严密组织，注重实效，形成学、赶、超的学习氛围，为实现全省消防安全工作整体目标而努力。

(发文单位)

××××年××月××日

课后练习

请根据以下材料写一篇决定。

2018年5月6日10时许，××省××市××仓库突然发生火灾，该市消防员肖××奉命参加现场扑救。他成功救出数人，再次冲入火场准备救援时，不幸壮烈牺牲。为弘扬他的英勇事迹，共青团××省委决定追授他为××省优秀共青团员。

第三节　通知

课程导入

临近“五一”，领导要求小王拟写一份单位放假通知，要求根据国务院通知的放假时间来撰写，同时要提醒各部门注意安全。

思考：通知一般的格式有哪些？放假通知应该怎么写？

学习重点：通知的分类。

学习难点：通知的格式及写作要求。

一、通知的含义

《党政机关公文处理工作条例》规定，通知适用于发布、传达要求下级机关执行和有关单位周知或者执行的事项，批转、转发公文。

二、通知的特点

（一）广泛性

通知的使用范围非常广泛。在发文机关方面，上至最高的行政机关，下至基层单位，都可以用通知行文；在内容方面，大到全国性的重大事项、行政法规，小到单位内部告知一般事项，都可以用通知行文。

（二）周知性

通知用于传达信息、告知事项，或要求办理、遵照执行，因此具有周知性。但是，要明确的是，通知只对主送机关范围中的对象有周知性。

（三）指导性

通知在发布规章、布置工作、转发文件时，都要明确阐述处理问题的原则和具体措施、方法，如需要做什么事、怎么做、达到什么要求等，这就能说明通知具有指导性。

（四）时间性

在机关公文中，通知的时间性是很强的。通知事项或要求办理的事情，往往都有很强的时间要求，像会议通知，只在指定的时间内有效。

三、通知的分类

1. 指示性通知。用于直接发布行政法规和对下级机关某项工作的指示、要求。具有强制性、指挥性和决策性。

2. 批示性通知，又称转发性通知。上级机关用批转、转发的方式发布某些法规，要求下级机关贯彻执行。批转下级机关送来的工作报告、建议、计划等，以及沟通情况，指导工作。

3. 周知性通知。多用于上级机关向下级机关宣布某些应知事项，不具有强制性。

4. 会议通知。用于对下级机关或平级机关。

5. 任免通知。上级机关对任免的人员用通知的形式告知下级机关。

四、通知的格式

通知一般由标题、主送机关、正文和落款四部分组成。具体写法如下。

（一）标题

通常有三种形式：由发文机关名称、事由和文种构成；由事由和文种构成；由文种“通知”作为标题。

（二）主送机关

通知应标明主送机关，以利于通知事项的办理和执行。主送机关的名称一般用全称，也可用规范的简称。如果主送机关为多个同类型机关，则用其统称。如市人民政府向下一级多个同类型机关发文，其主送机关就写成“各区、县（市）人民政府，市政府各有关委、办、局，各有关单位”。不能用笼统不明的泛称，如“各有关单位”。

（三）正文

正文由开头、主体和结尾三部分组成。开头主要交代通知缘由、根据；主体说明通知事项；结尾提出执行要求。在写正文之前，要在标题之下、正文之上顶格写出被通知对象的名称，在名称后加冒号，或将名称以“抄送”形式写于最后一页的最下方。

1. 发文缘由

发文缘由这一层通常以一个自然段完成，或简述形势、背景、基本情况，或直接点明通知的根据、原因及目的，或对通知主要内容做“导语”式的概述。段末往往采用“现将有关事项通知如下”“特通知如下”之类的语句作为段落过渡语承上启下。

2. 通知事项

通知事项是正文的主体和实体部分,对通知内容进行具体阐述。这一层次的写作必须明确,交代具体。其基本构成是:布置任务、阐明工作原则、拟定方法措施、交代注意事项。

3. 结尾

结尾通常用以提出本通知的执行要求。执行要求有三种写法:务实型、务虚型和套话型。

(1)务实型要求是办理具体事务的执行要求,这一类型的结束语是将执行要求单独列出,然后分条阐述。

(2)务虚型要求则是以发出号召、提出希望、加以强调的形式,对本文件的执行做宏观的大原则的要求。

(3)套话型要求是以模式化的结尾语表明执行要求及方式,如“以上各点,望遵照执行”“请认真贯彻执行”或“参照执行”之类。

(四)落款

写出发文机关名称和发文时间。如已在标题中写了机关名称和时间,这里可以省略不写。

五、通知的写作要求

(一)下发切忌随意

由于发布通知是要求所属单位贯彻执行或者周知的,它的目的在于指导和推动工作深入开展。因此,要注意发布的必要性,讲求实效,严禁通知滥发。

(二)内容明确具体

各种通知的通知事项和执行要求都必须写得明确具体,以便于受文者的理解和执行。这一要求也体现在标题的拟写上,法定公文的通知标题下不宜省略公文主体部分。

(三)力求简明有序

通知不宜长篇大论,要力求简练。内容稍复杂的通知宜采用分条结构,这样更条理化;简短通知虽不用分条结构,但也必须层次清晰。

【例文】

教育部关于举办2023年全国职业院校技能大赛的通知

教职成函〔2023〕6号

各省、自治区、直辖市教育厅(教委),各计划单列市教育局,新疆生产建设兵团教育局,有关单位:

2023年全国职业院校技能大赛将于5月至9月,在31个赛区举行,共设134个赛项。大赛开幕式将于今年5月职业教育活动周期间在山东潍坊举行。现将大赛实施方案印发给你们,请做好相关准备工作。

全国职业院校技能大赛是我国职业教育的一项重大制度设计和创新,在引领“三教”改革、提高技术技能人才培养质量、促进高质量就业、服务经济社会发展、助力中外职业教育交流合作等方面发挥了重要作用。各赛区要把办好大赛作为学习贯彻党的二十大精神、推动《中华人民共和国职业教育法》落实、助推职业教育高质量发展的重要行动措施,严格按照《全国职业院校技能大赛章程》《全国职业院校技能大赛执行规划(2023—2027年)》等相关规定开展工作,加强风险防控,确保大赛“公平、优质、高效、廉洁”。

全国职业院校技能大赛教学能力比赛、中等职业学校班主任能力比赛、职业学校思想政治教育课程教学能力比赛有关安排另行通知。

附件:2023年全国职业院校技能大赛实施方案

教育部

2023年4月28日

(资料来源:教育部网站)

课后练习

指出下面这份公文中的问题，并提出修改意见。

××公司关于进行职业奉献教育的通知

各单位：

今年年初以来，公司已经陆续开展了一系列以职业奉献为主题的活动，各单位都能行动起来，采取丰富多彩的形式来开展这一活动，在公司上下掀起了“风险有我，全心全意为客户服务”的热潮。通过这次学习，许多干部职工都明确了职责，服务质量都有不同程度的提高，受到了客户的热烈好评，收到良好的社会效益。但是在教育活动中仍然存在一些问题，有的营业员缺少工作积极性，不讲奉献，对他人的询问爱搭不理，有的不按专业用语答复客户，最近还发生了×××营业厅营业员与客户发生争吵的恶性事件，造成了极其恶劣的影响。这充分说明，在当前进一步深入开展职业奉献教育的重要性。现将有关材料发给你们，望能组织员工认真学习，不断提高干部职工的职业道德水平。

××公司

××××年××月××日

第四节　通报

课程导入

马上要到年底了，一天早上小王刚上班，领导就给了他一份名单，说上面是年底前要表彰的先进集体和个人名单，让小王根据情况写一份通报。

思考：什么情况下可以用通报？表彰性通报该怎么写？

学习重点：通报的分类。

学习难点：通报的格式及写作要求。

一、通报的含义

通报主要适用于表彰先进、批评错误、传达重要精神和告知重要情况。通报的使用范围相对比较广泛，可以用通报来表彰好人好事，也可以用通报来批评错误事件，及时总结经验，吸取教训，还可以用通报来互通情况，传达重要指示精神，沟通交流信息。

二、通报的特点

（一）知会性

通报的内容，往往是把在现实生活当中出现的一些正反面的典型或一些带有倾向性的重要问题或重大问题告诉人们，让人们知晓、了解。

（二）教育性

通报除了让人们知道其发布的内容，主要的任务是让人们理解相关内容之后，潜移默化地接受先进思想的教育，或者是认识到错误，引起自身注意，同时接受教训。这就是通报的教育性。这一教育目的，不应该靠指示和命令等传统方式来达到，而应该以正、反面典型的经验和教训，殷切的希望和足以感人的号召力量，使人能够明白应该这样做，而不应该那样做。

（三）政策性

政策性并不是通报独具的特点，有些公文也同样具有政策性特点。但是，作为通报来说，特别是对表扬性的通报和批评性的通报来说，在政策性这方面则显得更加突出一些。因为通报中的决定（即处理意见），可能会直接涉及具体单位和个人，也可能影响事情的最后处理，之后也会牵涉其他的单位、部门效仿执行的问题。决定是否正确，对之后的影响很大。所以，通报必须讲究政策、讲究依据。

三、通报的分类

一般情况下按内容性质把通报分为三类:表彰性通报、批评性通报和情况通报。

(一)表彰性通报

表彰性通报,就是表彰先进个人或表彰先进单位的通报。这一类通报,重点要介绍被表彰人物或被表彰单位的先进事迹,点明中心,提出要求和希望,之后再发出学习的号召。

(二)批评性通报

批评性通报,就是批评典型单位或典型人物的错误思想和行为、丑恶现象、不良倾向和违纪事件等的通报。这一类通报,重点要通过找根源,表明处理决定,使人从该事件中吸取教训,避免重蹈覆辙。这一类通报使用非常广泛,惩戒性非常突出。

(三)情况通报

情况通报,就是上级机关把社会实际生活中出现的主要情况告知下级单位和个人,让大家知道全局安排,要与上级保持一致,做到统一认识,听从指挥,力求克服存在的问题,努力开创新的局面。这一类通报往往具有知照和沟通的双重作用。

四、通报的格式

通报一般情况下由标题、主送机关、正文和落款组成。

(一)标题

标题一般由发文机关、事由和文种组成。不同类型的通报标题略有不同。如果是表彰性通报,标题中往往会带有“表彰”二字,例如《×××省关于表彰有关单位深入开展扶贫工作的通报》;如果是关于处理事故的批评性通报的标题,可以在文种名称之前加上"处理"二字,例如《×××市关于燃气公司发生爆炸事故的处理通报》;如果是情况通报的标题可以在文种名称的前面加上"情况"一词,例如《×××关于财务工作的情况通报》。

(二)主送机关

大多数通报都会有主送机关,少数普发性通报可以不写主送机关。

(三)正文

正文的基本结构多数情况下包括通报缘由、通报事项(表扬、批评情况)、分析(意义、精神等)、决定(表彰、批评等)、希望和要求等几个方面。但不同类型的通报正文写法也是有区别的。

1. 表彰性通报

正文内容一般分为四个部分:第一部分叙述先进事迹,主要是什么人或者单位在什么时间做了什么事情,取得了什么成绩或者效果;第二部分分析先进单位或人物事迹的性质、意义、精神等;第三部分对先进单位或人物做出表彰决定;第四部分提出希望和要求,号召大家向先进单位或人物学习,等等。

2. 批评性通报

批评性通报主要包括以下两种。一种是对相关单位或部门的批评通报,这类通报主要是在对恶性事故的性质、产生的后果,特别是造成事故原因的分析基础上,总结吸取教训,提出意见,同时提出整顿措施,最终希望达到指导工作的目的。另一种是对个人的批评通报,这种在写法上与表彰性通报基本一致,先要写出错误的事实,然后分析评论,在此基础上写出对当事人做出的决定,最后一点就是提出要求和希望,使大家时时刻刻吸取教训,要引以为戒。正文一般包括:道出事实、分析问题出现的原因、做出果断的决定、提出具体的要求和下一步的改进措施,等等。

3. 情况通报

情况通报的正文内容,一般包括叙述基本情况、分析具体情况、提出指导性或建设性意见。写情况通报时要注意叙述事实的六要素:什么人或哪些人、什么时间、什么地方、做了什么事情、为什么做、后果是什么。同时还要注意叙述的详略和顺序,一般情况下要先写重要情况,后写次要情况。如果是事故通报,可以采取倒叙的形式,先写这次事故造成的损失,然后再写事故的发生、经过以及最终的处理情况。

(四)落款

落款即发文机关署名、印章和日期。

五、通报的写作要求

(一)事实完整、准确

事实完整、准确是通报写作的第一要义。有关事实的六要素、有关事件的全过程、有关单位和人物的基本情况,都要写得准确、完整。应当平实概述,不宜详述或描写,更不能夸张。

(二)议论精当、简明

表彰性通报和批评性通报要对通报对象做评价、定性,情况通报要对通报的情况做估计、判断,因而必须运用议论方法进行分析、归纳。但是不宜像议论文那样写出严谨完整的推论过程,可省去细致的论证,由确凿的论据直达合理论点。

(三)措施具体、恰当

对表彰、批评对象做出的决定和处理,对有关精神和情况提出的看法和对策,都应恰当并具体可行。

【例文】

国务院办公厅关于部分地方优化营商环境典型做法的通报

国办函〔2018〕46号

各省、自治区、直辖市人民政府，国务院各部委、各直属机构：

党中央、国务院高度重视优化营商环境工作，作出重要部署。各地区、各部门认真贯彻落实，坚持问题导向和需求导向，持续深化简政放权、放管结合、优化服务改革，加快政府职能深刻转变，降低制度性交易成本，着力打造国际一流、公平竞争的营商环境，取得积极成效，创造和积累了一系列好的经验做法。为促进各地区、各部门交流互鉴，进一步推动形成竞相优化营商环境的良好局面，经国务院同意，现将开展企业投资项目承诺制改革等28项优化营商环境的典型做法通报如下。

一、部分地方优化营商环境典型做法

（一）改革投资审批等制度方面8项：企业投资项目承诺制改革、“多规合一”和完善工程建设项目审批体系改革、并联审批和“多图联审”等改革、区域评估改革、“标准地”改革、限时联合验收改革、强市放权改革、制定政府部门内部审批事项清单。

（二）便利企业开办和经营方面3项：“一照多址”和“一证多址”改革、涉税业务“全市通办”、以“线上税银互动”缓解企业融资难题。

（三）提升贸易便利化水平方面3项：推行“一站式阳光价格”清单、贸易服务事项只进“一扇门”、海关特殊监管区域“四自一简”监管模式。

（四）创新监管理念和方式方面4项：信用风险分类监管、制定新兴行业分类指导目录、大数据监管、跨区域网络市场协同监管。

（五）提供优质公共服务方面4项：“互联网+医疗健康”和“互联网+教育”、“互联网+医保”、公用服务企业入驻政务服务中心、获得电力便利化改革。

（六）推进政务服务“一网、一门、一次”改革方面6项：政务服务一张网、审批服务标准化、集成套餐服务、民生服务“指尖”办理、不动产登记改革、建设统一政务咨询投诉举报平台。

二、工作要求

各地区、各部门要坚决贯彻落实党中央、国务院决策部署，深刻认识优化营商环境的重要性、紧迫性，以更大决心、更强力度、更实举措推进“放管服”改革，持续优化营商环境，聚焦市场主体和人民群众办事创业的痛点难点，突出重点，把该放的权放给市场主体，营造公平竞争的市场环境，更大限度激发市场活力、调动人的积极性和社会创造力。

各地区要主动对标先进，相互学习借鉴，从自身实际出发，锐意探索创新，切实解决企业群众办事创业面临的困难问题，在优化营商环境方面创造更多管用可行的创新举措。国务院各有关部门要结合工作职能，加强业务指导，支持地方先行先试，为地方改革创新探索创造条件，帮助解决实际困难。国务院推进政府职能转变和“放管服”改革协调小组办公室要会同有关部门，密切跟踪各地区优化营商环境工作进展，及时总结推广好的经验做法。

附件：部分地方优化营商环境典型做法

国务院办公厅

2018 年 7 月 24 日

（资料来源：中国政府网）

课后练习

1. 通报的特点是什么？
2. 通报按照内容性质分类，可以分成哪几类？

第五节　报告

课程导入

经过一段时间的学习积累，小王的公文写作水平突飞猛进。有一天，小王刚一上班，领导就拿来了一堆资料，说：“小王，这是咱们单位一年来认真贯彻落实中央八项规定精神的一些文件，你结合咱们单位具体情况写一份落实中央八项规定精神的报告，写好后给我，辛苦了。”

思考：小王的这份报告该怎么写？有哪些注意事项？

学习重点：报告的分类。

学习难点：报告的格式及写作要求。

一、报告的含义

报告适用于向上级机关汇报工作、反映情况，回复上级机关的询问。报告是铺陈性的上行文，能够让上级机关尽早知晓下情，掌握下级机关或部门的工作情况，听取下级机关或部门对某一方面工作情况的意见或建议，进而能够更好地指导监督下级机关或部门的工作。

二、报告的特点

（一）内容的汇报性

一切报告都是下级机关向上级机关或业务主管部门汇报工作，让上级机关及时掌握基本情况并能够及时对自己的工作进行指导，所以，汇报性是报告的一个特点。

（二）语言的陈述性

因为报告具有汇报性，是向上级机关讲述做了什么工作，或工作是怎样做的，有什么情况、经验、体会，存在什么问题，今后有什么打算，对上级有什么意见、建议，所以在行文上一般都使用叙述的方法，即陈述其事，而不是像请示那样采用祈使、请求等方式。

（三）行文的单向性

报告是下级机关向上级机关行文，为上级机关进行宏观指导提供可行性依据,一般情况下不需要受文机关的批复,属于单向行文。

(四)成文的事后性

大多数报告都是在事情做完或发生后,向上级机关做出汇报,是事后或事中行文。

(五)双向的沟通性

报告虽不需批复,却是下级机关以此获得上级机关支持、指导的桥梁,同时上级机关也能通过报告获得信息,了解下情。报告成为上级机关决策、指导和协调工作的依据。

三、报告的分类

(一)按用途来划分

1. 工作报告。这类报告主要指的是汇报工作。即下级机关向上级机关汇报某一阶段工作的进展情况、工作成绩、经验总结、存在的问题以及下一阶段的工作安排和设想打算。

2. 答复报告。这类报告主要指的是答复上级机关询问的有关事项。

3. 报送报告。这类报告主要指的是向上级机关报送物件或者有关材料。

4. 情况报告。这类报告主要指的是向上级机关反映情况。汇报的情况一般是重大情况、特殊情况或者是可能出现的新动向。

(二)按性质来划分

1. 专题报告。这类报告是针对某一专项工作向上级机关进行汇报。篇幅不长,一事一报。

2. 综合报告。这类报告是某项工作的全面情况报告。写法往往是某项工作上一个阶段开展情况的全面汇报与下个阶段的工作计划或想法相结合,把工作计划、工作汇报合二为一。这样,上级机关不仅能够知晓某项工作已经完成的情况,还可以了解下一步工作的打算和设想。

（三）按发文方式来划分

1. 呈报式报告。主要是指向上级机关汇报工作、反映问题。这是一般情况下国家机关和部门使用最多的一种形式。

2. 呈转式报告。与呈报式报告相比，呈转式报告的内容要复杂许多。这种报告除了要向上级机关汇报工作以外，还要提出一些合理的意见和建议，请求上级机关批准并且要求其他相关部门照此意见和建议执行。这种报告的名称，在某种意思上也包括了这样两层意思，一是“呈”，一是“转”。“呈”在这里的意思应该是“汇报”与“上报”，“转”在这里的意思应该是“批转”。

四、报告的格式

报告一般情况下由标题、主送机关、正文和落款组成。

（一）标题

报告的标题一般由发文机关、事由和文种组成，例如《中国人民银行×××市支行关于国家债券发行情况的报告》，也有省略发文机关的省略式标题，例如《关于302国道××桥段积水堵车的情况报告》。

（二）主送机关

报告属于报请性上行文，主送机关一般只能有一个，即主要负责受理报告的上级机关。如果是特殊情况可以有多个，比如在事情比较紧急需要多级领导机关尽快都知道时。另外，除了上级机关负责人直接交办的事项外，不得以机关名义向上级机关负责人报送报告。一般情况下不得越级报告。

（三）正文

报告的正文一般由报告缘由、报告事项和报告结语三部分组成。

报告缘由：用概括、简练的语言简要说明报告的意义、写作背景、主要内容和得出的结论等。段末经常用“现将有关情况报告如下”等语句引出报告事项。

报告事项：这是报告最重要的部分。其构成一般是：工作情况简介、经验总结和吸取的教训、具体措施以及今后的计划和打算。一般采用条目式结构，逐条安排具体内容，以求脉络清晰。

报告结语：一般用“特此报告”“特此报告，请审阅”“以上报告请审查”或者“以上报告如有不妥，请指正”等惯用语作为报告结语。

不同类型的报告，因其内容不同而在正文写法上有所不同。

1. 工作报告。工作报告重点在于汇报做过哪些具体工作，通过什么方式做的，取得了哪些具体成绩，可能存在什么具体问题以及今后的设想打算。这类报告内容会非常翔实，字数也会更多，尤其强调按照时间顺序来安排写作结构。

重点在总结经验、教训的工作报告，应当注重工作情况的分析，对经验和教训详细归纳。重点在汇报工作情况的工作报告，则应详述工作情况、过程、做法，略写经验、教训。

2. 情况报告。情况报告主要是向上级机关反映具体情况。这里面“情况”，主要是指具体的问题，一般分为以下两种。第一，“负面”具体情况：包括重大事故、出现的灾情、引人关注的案情；在工作中发生的非常严重的问题或重大决策失误；突发事件。第二，重要情况：重要的舆情、民情、相关组织及其成员的一些情况，如社会中存在的动态问题、一些政策规定出台后老百姓的反应等；举办非常重大的活动、召开非常重要会议的一些基本情况；贯彻落实上级的重要指示、精神风貌的情况；检查、督办某项重要工作的相关情况，例如税收方面、质量方面、安全方面、财务方面等工作的检查结果。

反映有关事故、具体灾情的情况报告，相关部门要参照国务院公布的《特别重大事故调查程序暂行规定》进行规范化写作。

3. 答复报告。要有针对性地回答问题，具体问什么答什么，不能答非所问，要具体得当。

（四）落款

落款即发文机关署名、印章和日期。

五、报告的写作要求

(一)如实反映

下情上报一定要真实准确,报告不实会导致上级机关决策部署出现失误,影响大局。汇报成绩时不能虚报浮夸,反映问题时也不能文过饰非,要用具体情况和准确的数据为主要内容,如实说明。

(二)重点突出

在结构的处理上要注意内容的把握,详略得当,重点突出。重要的意思一定要凸显出来,要着眼于眼前,认真说明。重点的材料,也要放在开始的地方叙述,并且要详细地写。

(三)精确分析

对具体情况、确定事实的分析和判断一定要采取"去粗取精、去伪存真"的方法和态度,要抓住重点,抓住本质。在提出解决办法或意见的时候,要有的放矢,要有可操作性的意见,避免泛泛而谈。同时要语言精练,不能将报告写成议论文。

(四)点面结合

"点"是典型和重点的具体事项,"面"是宏观层面或者是整个工作全局。在报告的写作中,事例不能太过于烦琐,也不可以做全面情况的简要概述,而应根据主旨形成典型事例来凸显重点,以概括性的语言展示全局,同时合理安排既有材料,使写出来的报告既有深度又有广度。

【例文】

××省林业厅关于××自然保护区"2·12"风灾的情况报告

××省人民政府:

××××年××月××日,××自然保护区××镇发生风灾,大风对区内的基础设施造成了破坏，输电线路和变压器受损，临时安置板房等房屋房顶被大风掀翻，大风造成××自然保护区内电力、通信中断。

风灾发生后，保护区管理局及当地政府一方面将灾情向上级汇报，另一方面也派出工作组深入基层了解灾情，安抚群众，指导群众投入生产自救。

据了解，此次风灾除造成保护区基础设施受损外，还对保护区树木造成损毁。本次风灾未造成人员伤亡。我厅将指导××自然保护区管理局尽快统计和上报灾情具体情况，并做好救灾和恢复重建工作。

特此报告。

××省林业厅

××××年××月××日

（资料来源：尹相如，《新编实用写作教程》，中国铁道出版社 2010 年版，第 205 页，有删改）

课后练习

假设你是某单位办公室工作人员，请你结合办公室全年的工作，拟写一份办公室工作的情况报告。

第六节　请示

课程导入

小王来单位上班有一段时间了，由于勤奋好学和头脑灵活，领导对他颇为欣赏。这天，领导对他说："小王，这段时间工作表现很好，我们办公室正好缺少一名工作人员，你拟一份请示给局里申请增加一名工作人员。"小王很高兴，想着领导对自己越来越信任了，同时又有些困惑，给上级的请示应该怎样写呢？

思考：请示的标题一般由几部分组成？请示直接给领导本人吗？

学习重点:请示的分类。

学习难点:请示的格式及写作要求。

一、请示的含义

请示适用于向上级机关请求指示、批准。请示属于上行文,与报告不同的是,请示需要上级机关的答复。

二、请示的特点

陈请性。请示是向上级机关请求指示和予以批准的公文,行文内容具有请求性。

求复性。请示的行文目的是请求上级机关批准,解决某个具体问题,要求上级机关能够做出明确答复。

超前性。请示行文具有超前性,所以必须在事前行文,等上级机关做出答复之后才能真正付诸实施。

拟议性。请求绝非单纯提问的公文,不能只是向上级机关征询某事项应该"怎么办",而更应该就某事项提出具体可行的拟议(建议、要求)等,请求上级机关予以定夺。

单一性。请求事项具有单一性,要求做到一事一议。

三、请示的分类

请示主要有两种常见的类型,一种是请求指示的请示,一种是请求批准的请示。

(一)请求指示的请示

这类请示一般在三种情况下使用:一是涉及政策法规方面的疑难问题时;二是遇到新情况、新问题无章可循时;三是平行机关之间意见存在分歧,难以统一时。

(二)请求批准的请示

这类请示一般在三种情况下使用:一是所办之事缺乏人力、物力、财力;二是对要解决的问题负有责任,但又不在自身权限范围之内;三是提出某一事项的解决方案,按照法定程序报请批准。

四、请示的格式

请示一般由标题、主送机关、正文、落款组成。

(一)标题

请示的标题,一般情况是由发文机关、事由和文种组成,例如《×××省人民政府关于增加防汛抗洪抢险救灾资金的请示》《××学校关于增拨教育经费的请示》。有时也可以省略发文机关,例如《关于××列为国家非物质文化遗产的请示》。

标题只写"请示"这两个字是错误的。在写请示标题的时候尤其要注意,不能将请示在标题中写成"请示报告",由于请示本身含有"请求并指示""请求予以批准"的意思,因此标题中尽量不要出现"请求"或者"申请"这样的词语。《××学校关于请求增拨教育经费的请示》这一标题就不妥,应删去"请求"一词。

(二)主送机关

请示的主送机关只能有一个,即负责受理请示的直接上级机关。如果受双重领导的机关向上请示工作时,主送一个上级机关,抄送另一个上级机关。请示一般也不允许越级,只有在特殊情况下(如发生重大突发事件等)才可以采用越级行文的方式。

(三)正文

请示的正文一般由三部分组成,即请示缘由、请示事项、请示结尾。

1. 请示缘由,就是"为什么请示"。这一部分关系到请示的事项能否得到批准,所以请示缘由一定要充分。常见的开头方式有以下几种:

(1)原因目的根据式:“鉴于(由于)……”“为了……”“根据……”;

(2)原因目的式:“由于……”“为了……”;

(3)目的根据式:“为了……”“根据……”。

请示缘由之后一般用“为此,特请示……”或“为此,现就××问题请示如下”或“特做如下请示”或“特恳请……”的语句过渡,引出请示事项。

2. 请示事项,指的是请求上级机关帮助、解答、批准的具体事项。请示事项要具有可行性和可操作性。对需要上级机关审批的事项,应进行具体明确的说明,为了快速方便审批,还可以进一步写出可具体操作的办法、措施与意见。不能一味只写问题,不发表看法。另外,一份请示只能写一件事情。

3. 请示结尾,一般是另起一行,常常用“当否,请批复”或“以上请示,请予以审批”或“以上请示,若无不当,请批准”等习惯性用语。如果是批准性请示,一般结束语的写法是“以上请示,如无不妥,请批转各地、各部门执行”。

(四)落款

落款即发文机关署名、印章和日期。

五、请示的写作要求

一文一事。一份请示只能写具体的一件事,这是《党政机关公文处理工作条例》所规定的,也是实际工作的需要。如果一文多事,可能导致受文机关无法批复。

单头请示。请示只能主送一个上级机关或者主管部门。如果需要,可以抄送有关机关。

不越级请示。从这点来看,请示与其他机关公文没有区别。如果确实因为出现特殊情况或者紧急事项必须要越级请示时,要同时抄送被越过的直接上级机关。除个别领导直接交办的事项外,请示一般不直接送领导个人。

不抄送下级。请示是上行公文,写作时不可以同时抄送下级机关或部门,以免造成工作上的混乱,更不能要求下级机关或部门执行上级机关尚未批准和批复的事项。

【例文】

××分公司关于拨款修复仓库的请示

××总公司：

我分公司现有1065平方米砖瓦结构仓库(平房),因年久失修,于××××年雨季突然倒塌,急需修复。经测算,共需资金20万元。因我分公司资金周转困难,特申请总公司拨款修复仓库,以解决物资存储之急。

妥否,请批示。

附件:1. 仓库维修图纸

2. 仓库维修预算表

××分公司

××××年××月××日

课后练习

下面的请示存在不当之处,请根据文中提供的内容重新写一篇请示,要求格式正确,用词规范,语言简练。

购置办公电脑的请示

管理处:

我单位所用办公电脑是于2000年购置的,已使用二十余年,现已达到报废阶段,其中许多办公电脑已不能开机且无法修理,既影响办公效率又有损我单位窗口形象,为此,特申请购买办公电脑,费用约为人民币××××元整。妥否,请批复。

附件:购置办公电脑价格明细

××××年××月××日

第四章　求职规划类文书

第一节　概述

课程导入

小王是即将毕业的大学生,他在完成专业学习和毕业论文的基础上,也在忙着找工作。小王发现找工作不是一件简单的事情,要搜集很多的资料,为了让自己有更好的发展,还要尽早制订一个清晰的职业生涯规划。一时间,小王感到很困惑,不知该怎么做。

思考:小王要想找到合适的工作,他需要做哪些准备?

学习重点:求职规划类文书的特点。

学习难点:求职规划类文书的分类。

一、求职规划类文书的含义

求职规划类文书是指求职者在求职过程中向用人单位讲述自身的学识能力、专业技能、职业特长和求职愿望,请求被用人单位录用以及对自己未来职业有一个长期规划的书面材料。求职信、自荐信、职业生涯规划、述职报告等都属于求职规划类文书。

二、求职规划类文书的特点

1. 具有明确的目的指向性

求职规划类文书具有很强的目的性——找工作以及对工作的长远打算。求职规划类文书的写作重点在于叙述自己与求职职位相关的专长、才能、经验、优势等,引起用人单位的注意。

2. 具有多方面的技巧性

求职规划类文书的书写要讲究技巧,文字叙述要谦逊有礼,措辞要讲究分寸。求职者既要恰如其分地陈述自己的条件和长处,也要考虑用人单位的需求。

3. 具有较强的针对性

求职规划类文书的内容具有针对性,求职者要针对目标工作岗位来介绍自己的优势,优点要讲够,强项要突出,成果要具体,专长要鲜明。

三、求职规划类文书的分类

按照不同的标准,求职规划类文书可以分为以下几种。

根据形式的不同,求职规划类文书可以分为表格式(如简历)、信函式(如求职信)、文章式(如述职报告)。

根据求职者身份的不同,求职规划类文书可以分为毕业生求职规划类文书、待业人员求职规划类文书、从业人员求职规划类文书。

根据内容的不同,求职规划类文书可以分为求职信、简历、述职报告等。

课后练习

请你根据自己的实际情况,写一份职业规划书。

第二节　求职信

课程导入

小王大学毕业之后在一家单位做文员。在工作了一段时间后，他觉得自己的综合能力有明显的提高，准备过完年换一个工作。小王在网上找到了一家公司，自己在各方面都符合该公司的要求，他决定抓住这个机会。

思考：小王在写求职信时应该注意哪些问题？小王是否可以在求职信中夸大自己的能力？

学习重点：求职信的分类。

学习难点：求职信的格式和写作要求。

一、求职信的含义

求职信是求职者向用人单位推荐自己、表达求职愿望、陈述求职理由、提出求职要求并明确表达渴望被录用的一种专用书信。

二、求职信的特点

1. 针对性

求职者应该对用人单位或雇主以及目标职位进行深入的了解，对自身条件有清晰的认识，根据自己的实际能力和目标职位的要求来写求职信。另外，针对不同企业的不同职位，求职信的内容也要有所变化，要有不同的侧重点。求职者要在求职信中表现出诚恳、专业的态度，争取得到用人单位的认可。

2. 自荐性

求职者写求职信的主要目的就是要把自己推销出去，表达清楚自己对什么职位感兴趣，同时要介绍自己比较突出的条件和能力，希望得到什么样的工作等。求职者要在求职信上呈现出自己的优势、特点，要善于自我推销，要让用人单位觉得这个岗位非你莫属，向他们表达“我是最好的，也是最合适的人选”。

3. 竞争性

求职是一种双向选择，它是一种包含竞争的活动。如果目标职位是在规模大、实力强的公司，竞争就会异常激烈。求职者要在激烈的竞争中脱颖而出，要突出自己的优势，要在求职信中充分表现出自己的长处，实事求是，以求在众多的竞争者中脱颖而出。

4. 礼仪性

求职者通过求职信向用人单位或者雇主展现才能，同时也展现出个人修养。求职者在写求职信时一定要态度诚恳，表达得体。

三、求职信的分类

根据求职者的身份，求职信可以分为毕业生的求职信，待业、下岗人员的求职信，在岗者的求职信。

根据求职者的实际情况，求职信可以分为有具体单位的求职信和广泛性的求职信。

四、求职信的格式

求职信的格式一般由标题、称谓、正文和落款组成。

（一）标题

求职信的标题一般是将“求职信”三个字直接作为标题，居中写。

（二）称谓

称谓比较灵活，如果有明确的用人单位负责人，可以写出负责人的职务、职称，如“尊敬的李经理”。如果没有明确的用人单位负责人，可以写“人事部门负责同志”或“尊敬的领导”等，称呼要庄重、得体。

（三）正文

正文包括引言、主体和结尾三部分。

1. 引言

引言一般具有引起对方兴趣并浏览完求职信的作用，所以引言要突出自己的不同之处，引人注目，包含求职者的基本情况、应聘理由和目的等。

求职者的基本情况包括姓名、毕业学校、所学专业等。

求职者的应聘理由和目的。求职者要直截了当地说明自己是从哪种渠道得到的招聘信息以及写求职信的目的。例如，“我叫××，男，25 岁，毕业于××大学中文专业。从某平台看到贵公司招聘文字编辑的消息，我相信自己能够胜任这项工作”。

引言是正文的开始部分，求职者在介绍自己的相关情况时要简洁明了，明确自己想要的职位，并且要引起用人单位的兴趣。引言不能照搬照抄、千篇一律，要有自己的东西。例如，“我今年 7 月将从××大学毕业，久闻贵公司业务范围大，慕名而来，希望能得到贵公司的青睐”。要多使用礼貌用语，大方得体。在写求职意向时，求职者应当根据自己的实际情况和能力，在求职信中表明自己向往的目标职位。但有些求职者担心竞争太激烈，存在“只要能录用，随意安排”的心理，不敢在求职信中表明自己向往的目标职位，甚至有些求职者可能会写上“只要你能录用我，我到哪个部门随你安排”这样的话，这是错误的做法。

2. 主体

主体部分是求职信的重点内容，求职者要写清楚自己的才能和特长，这是求职的关键。求职者要针对用人单位的需求，有针对性地介绍自己，比如自己的专业、工作能力、社交能力、有无特殊技能等，尽量让自己的表述与目标职位的要求一致，不能泛泛而谈，一定要针对目标职位有针对性地写。某公司人事经理曾说，有的候选人只是描述他的技能而不涉及具体工作。

所以，在求职信的主体部分，求职者要强调自己可以做哪些工作，曾经取得过哪些成绩。与简历不同，求职信不需要面面俱到，要有技巧地根据招聘单位的需要，突出自己的技术专长，展现自己的业绩和能力，充分运用事实和数据说明自己的能力，不能用一些非常空洞的赞美之词。例如，有一位求职者在求职信中这样写道：“我希望我的人生是这样的，在经历风雨后天边会出现一道彩虹……我多么希望能成为你们中的一员，我想把我的一切都奉献给贵单位，请用你那宽广的胸襟容纳我……”这些洋洋洒洒的文字虽有美感，但这些文字可能不会打动用人单位，相反，可能会让用人单位感到你很幼稚、不成熟。

应届毕业生在写求职信时要突出自己的专业，要提到与目标职位相关的课程以及拿出相关的技能证书，写上自己在校期间获得的奖励以及与目标职位相关的一些活动。

求职者要用事实和数据来说明你过去的工作业绩，内容要客观、具体，如最近手头的工作或突出的一两项工作，提到的工作一定要与你的目标职位相关。

3. 结尾

求职信的结尾一般要提出要求和写一些寄予希望的话，例如，“盼望您的回复”或“希望您能给我一个和您见面的机会”或“静候佳音”之类的话。结尾部分的语气要诚恳、有礼貌，表达出你想得到这份工作的迫切心情，但要适可而止，不能苛求用人单位。除此之外，要留下你的电话、邮箱等联系方式，请用人单位尽快给予答复或提供面试机会。通常在结束语的后面应写上表示祝愿或敬意的话，例如，“此致敬礼”“祝您身体健康、工作顺利”等。

（四）落款

求职信的落款要署名和日期，用“谨上”“敬上”等这些用语以示礼貌，发信的年月日一定要完整。求职者一定要亲笔签名，表示郑重和敬意。如有附件，可在信的左下角注明。

五、求职信的写作要求

（一）语言要礼貌、规范

求职信是求职者直接向用人单位发出的，由于双方互不认识，所以书面语言非常重要。求职者通常称对方为“贵公司”“贵单位”，自称要谦虚，如“慕名求职”等。语气可以正式，但不要说一些文绉绉的话。

（二）通俗易懂

求职者在写求职信时要考虑对方的知识背景，不要使用生僻词语、专业术语。

（三）言简意赅

在内容完整、重点突出的前提下，求职者的表述要尽可能简明扼要，切忌面面俱到，篇幅不宜过长，一般不超过一张纸。

（四）三段内容为佳

第一段开门见山表明自己的求职愿望。第二段集中介绍自己与职位相匹配的优势以及工作经历。第三段请求对方阅读自己的简历，给自己一个面试的机会。

（五）避免千篇一律

求职者要写出自己与别人不一样的闪光点，要有针对性地写，不要使用一些套话或空话，多举事例、列数字，对有些情况要具体说明，切忌空谈。

【例文】

求职信

尊敬的××经理：

您好！

我叫×××，毕业于×××旅游学院导游服务专业。我从××杂志获悉贵公司要招聘3名导游人员。带着年轻人的干劲，我认为我能够胜任此职位。

本人从小就很喜欢旅游，在高考填报志愿时就报考了导游服务专业。我对导游工作有着非常浓厚的兴趣，我知道这份工作对从业人员的要求很高，我认为自己具有很强的责任心，思维活跃。我具有较强的组织能力，在学校经常组织班级活动和学生会活动。我具有很强的沟通能力，而且能用流利的英语与人交流。

在大学期间，我学习了与本专业相关的知识，如导游实务、旅游历史文化、旅游地理、旅游美学等。我也没有忘记认真学习基础学科，如大学英语、普通话、计算机基础等，本人已通过大学英语六级，取得普通话一级乙等证书，计算机水平达到了全国二级，我有能力有信心胜任贵单位的工作。

除此之外，我还专门接受过口才与演讲等方面的训练，能够很好地与客户打交道，快速地开展工作。

我曾经在×××旅行社实习半年多，并且利用寒暑假的时间到一些旅游景点为游客提供志愿者服务，我想在实践中锻炼自己，将在书本中学到的知识与真正的导游服务结合起来。在学校，我是校园广播站的一名主持人，采编了许多国家有代表性的宣传资料。我会利用自己的业余时间做义务导游，曾在学校举办的导游词编写大赛中获得过校级一等奖。有关导游工作的其他任职资格及证书复印件，见随信附上的个人简历。

我知道自己刚刚踏入社会，还缺少一定的工作经验，但是我待人热情，有青春活力。我热爱导游工作，我也有信心将导游工作做好，并逐步成长为一名优秀的导游。我希望加入贵单位来进一步提高自己。我热切地期盼您的回音。

此致

敬礼

求职人：×××

××××年××月××日

课后练习

请你结合自己的实际情况，给某单位人事部门写一封求职信。要求格式规范，内容完整，语言得体。

第三节　简历

课程导入

小王是一名即将毕业的大学生，为了能够顺利地找到一份工作，他费了不少心思：从简历外壳的材质到简历封面的设计，从简历的版式到简历的内容，从自我介绍到在校期间的成绩单以及各种证书复印件，但小王对自己的简历还是不满意。

思考：简历包括哪些内容？如何撰写简历中的工作经历和实践经历？

学习重点：简历的分类。

学习难点：简历的格式和写作要求。

一、简历的含义

简历是求职者客观、简要地介绍自己的学习经历、实践经历、工作经历、个性、能力、成绩等情况，突出个人的特点或特长，以使本人求职应聘能够被录用的一种文书。总而言之，简历就是一份关于求职或者应聘的个人情况的简介。

简历一般包括个人的基本情况、履历、能力、特长、求职意向、联系方式等。

二、简历的特点

（一）真实性

简历中的个人情况一定要真实、准确，不能夸大，也不能伪造。求职者要真实地记录、描述，让阅读者信任你，给他们留下好的印象。

（二）针对性

简历的内容要有针对性，要针对不同的行业、不同的企业、不同的岗位来书写。在简历的安排上，要有所侧重，尽量突出那些与应聘岗位相关的经历和技能。

（三）浓缩性

简历是个人简要经历的说明，所以，简历的内容一定要简单、清楚，目的明确、语言简练，篇幅尽量压缩在 1~2 页纸内。

三、简历的分类

1. 根据写作方式的不同，简历可以分为表格式简历、文字式简历、文字表格综合式简历。

2. 根据时间安排的不同，简历可以分为时序型简历、倒叙型简历。时序型简历，即按照时间的先后，列举自己在学习、工作、培训方面的经历，刚毕业的大学生大多采用此类简历。倒叙型简历，即要把最新、最近的内容写在简历的最前面，这种写法往往受到各单位人力资源工作者的青睐，毕竟人力资源工作者翻阅简历的时间有限，他们需要在短时间内做出判断，看求职者是否有进一步接触的价值。

四、简历的编写

简历的编写是一个复杂、系统的过程，主要包括以下几个步骤。

1. 做好准备工作，了解自己、了解公司、了解求职岗位。

2. 搭建简历的框架，明确简历要写的内容。一般来说，简历的内容主要包括个人基本信息、求职意向、教育背景、实践经历和工作经历、个人技能、其他事项（如获奖情况等）。

3. 版面设计。一份好的简历，除了内容方面要符合要求之外，在外观上也要美观、好看，字体大小适中，排版美观大方、疏密得当。

4. 检查与评估。从应聘企业、岗位要求、个人发展三个角度评估简历，确保简历内容完整、逻辑清晰、拼写无误。

下面重点叙述简历的格式。

简历的格式包括标题、个人基本信息、求职意向、教育背景、实践经历和工作经历、个人技能、获奖及荣誉情况、特长爱好等。

1. 标题。一般直接写“简历”“个人简历”“求职简历”“××（姓名）简历”。

2. 个人基本信息。一般包括姓名和联系方式（例如电话、地址或者电子邮箱等）。

3. 求职意向。主要说明自己想要从事的工作岗位。

4. 教育背景。学校正规的教育、自我提升过程和学习经历、参加专业机构的培训等内容都可以在教育背景中进行说明，但前提是培训经历要与应聘的工作相关。教育背景要说明毕业院校、系别、专业、学位和成绩，对没有工作经验或跨专业的求职者来说，也可以将主修课程和辅修课程列出来。

5. 实践经历和工作经历。这是重点内容，是体现个人能力和素质的关键内容。实践经历包括专业实践、社团实践和志愿者实践。求职者需要重点叙述通过这些实践经历，哪些方面得到了锻炼，取得了哪些成绩，有什么收获等。工作经历主要是写自己参加工作后各阶段的情况，要注意突出自己的才能、贡献，取得的业绩等。

6. 个人技能。个人技能包括外语水平、计算机水平、各项认证考试资格、从业证书等，只要是与应聘职位密切相关的都可以在简历中着重提出，并附上相关证书。

7. 获奖及荣誉情况。这是应届毕业生需要着重列出的内容，在学校获得的荣誉、奖学金、参加的校园活动和比赛获奖等，都可以成为简历的亮点。

8. 特长爱好。很多人在这里会罗列很多词语，如性格开朗、待人热情、工作细心、办事高效等，但这些词语的后面最好加上简单的例子。比如，说自己组织能力强，可以列举自己独立组织过的某个活动，效果如何。那些与工作相关的特长一定要展开写，比如，说自己写作水平好，可以写自己非常擅长写应用文、各种报告等。另外，与职位无关的特长、爱好不必写，内容太多会失去重点。

五、简历写作的要求

（一）突出重点

简历的写作要突出重点，与应聘职位无关的内容尽量不写，不能漏掉对应聘职位有意义和价值的内容，多用事例和数字说话，重点突出自己的优势和能力。

（二）语言准确

简历中不要出现复杂的语句和生僻的字词，更不要有错别字和病句。外文简历不要出现拼写错误和语法错误，句式以简明的短句为好，文风要平实、严肃，以叙述、说明为主，动辄引经据典、抒情议论是不可取的。

(三)扬长避短

要突出强调个人优势,尽量不写对应聘不利的内容。

(四)客观评价

简历中涉及对自己评价的内容,一定要准确、客观,真实是简历最基本的要求,要尽量提供个人简历中提到的业绩和能力的证明材料,并将其作为附件附在个人简历的后面。附件一般用证明材料的复印件。

(五)讲究形式

简历还涉及页面排版、布局等问题,相关信息应合理布局,以适当的方式来凸显重要信息。

1. 尽量控制在一页 A4 纸范围内,最多不超过 2 页。
2. 尽量不要使用太多带实线的框格。
3. 尽量不要以学校的标志和名称作为页眉。
4. 各种级别的字体、字号的设置要适当。
5. 各部分内容的安排疏密有致、主次分明。
6. 各种经历最好采用时间逆序来撰写。
7. 加粗显示的地方不宜太多,页面要美观大方。
8. 最好不要彩色打印。

【例文】

基本信息

姓名:×××　　性别:女　　出生日期:××××年×月×日

政治面貌:党员　　学历:大专

毕业院校:×××××学院　　所学专业:酒店管理

联系电话:×××××××××××　E-mail:××××××××××@ qq. com

现居住地:黑龙江省哈尔滨市

求职意向

求职类型:全职　　意向职位:餐饮服务员

意向薪酬:面议　　工作地点:哈尔滨

主要实践经历

2016 年 12 月—2017 年 5 月　　　　　　北京××饭店

任职部门:前台　　　　　　　　　　　　任职岗位:服务员

工作职责:负责前台收银的一切事务,确保账目的准确,按照酒店制定的程序及标准,为客人结账,记录、维护、汇总房间账目等。

2016 年 7 月—2016 年 9 月　　　　　　××酒店

任职部门:餐厅　　　　　　　　　　　　任职岗位:领班

工作职责:

准时开例会,并分配员工的岗位,组织服务员按时完成分配的任务,因工作出色被酒店评为“优秀实习领班”。

主要学习课程

餐饮服务与管理、客房服务与管理、前厅运转与管理、酒店情景英语、酒店会计、酒店公关营销、酒店管理实务等。

奖励及证书

校级优秀学生干部、省级三好学生。荣获一等奖学金 2 次、黑龙江省英语演讲大赛大学组优秀奖。拥有高级服务员证书、饭店英语等级证。

自我评价

我在实践中积累了丰富的工作经验,初步具备了酒店从业人员的基本素质。我具有良好的服从意识,熟悉餐饮服务工作流程及工作职责,工作踏实认真,吃苦耐劳,善于思考和总结,性格开朗,擅长与人沟通,具有团队精神。

课后练习

根据你自己的专业拟写一份个人简历,思考一下你有什么特长,未来的工作目标是什么。如果要实现这一目标,你应该具备哪些技能。在学习讨论环节,请你谈谈制作简历的体会。

第四节 职业生涯规划

课程导入

小王是一名刚入学的大学生,他看到同学们朝气蓬勃的样子,自己有点高兴不起来,好像同学们都有事可干,而他自己不知道该干什么好。有人告诉他,大学期间该玩就得玩,有人告诉他应该好好学习,大家的话似乎都有道理,但他还是一头雾水。

其实很多像小王这样的大学生都有这样的困惑,不知道自己下一步该怎么做,如果我们早一点做职业生涯规划,目标确定了,路线该怎么走就是学习态度的问题了。

思考:请你为小王制订一个简单的大学生涯规划。

学习重点:职业生涯规划的分类。

学习难点:职业生涯规划的写作格式及写作要求。

一、职业生涯规划的含义

职业生涯规划也叫职业规划,是指个人与组织相结合,在对一个人职业生涯的主客观条件进行测定、分析、总结的基础上,对兴趣、爱好、能力、特点进行综合分析与权衡,结合时代特点,根据职业倾向,确定最佳的职业奋斗目标,并为实现这一目标做出行之有效的安排。

职业生涯规划就是对个人的职业生涯甚至整个人生进行系统的、可持续的规划。一个相对完整的职业生涯规划是由职业的定位、目标的定位和通道实现三个部分构成的。

二、职业生涯规划的特点

(一)提高求职速度

当我们有明确的职业生涯规划时,我们就会有更多的理由去说服用人单位,让用人单位知道,你就是最合适的人选。对企业来说,任何一家企业都是想尽各种办法,期望在最短的时间内找到尽可能多的合适人选,并从中挑出最适合自己企业的人。当你有了非常明确的求职意向和目标时,你就会尽可能地表现出你的优势,努力把工作做好,这时你距离心仪的工作就会更近了。

(二)降低求职成本

因为你已经有了明确的职业想法和目标,所以你完全可以把精力放在几个重点的目标职位上,这样我们的求职成本就会降低很多。

(三)增加工作持续性

当工作环境出现不好的变化时,如当事人跟老板或是同事有矛盾,或是经济收入不那么理想,而恰好又有其他公司在招人,有的人就会选择离职,寻求更好的发展路径。而当我们做好职业生涯规划,有了确定的职业目标时,我们就会清楚为什么自己在这里工作而不是在别的地方工作,如为了丰富经验、提升工作能力。

(四)提高工作满意度

好的职业生涯规划可以提高人们对工作的认同感,使人们更积极地投入到工作中,工作的主动性大大增强,从而提高人们的工作满意度。

(五)提升个人的职业竞争力

当我们制订自己的职业生涯规划时,我们需要明确自己需要提升什么,自己的竞争力是什么。做好职业生涯规划,可以使我们更好地开展工作,获得更理想的经济收入,实现人生价值。当你的职业竞争力得到提升、在某个领域做得足够出色时,你会发现不是你去努力找好工作,而是好工作来找你。

（六）获得更高的回报

当我们按照职业生涯规划全身心地投入到工作中，职业竞争力得到提升后，自然会给企业和社会创造更多的价值和财富，我们也会得到丰厚的回报。

三、职业生涯规划的分类

按照时间维度，职业生涯规划可以分为短期规划、中期规划、长期规划和人生规划。

短期规划是指2年以内的规划，主要是确定近期目标，规划近期应完成的任务。例如，某人计划2年内熟悉公司规则，学习企业文化，多与同事、领导沟通，向老员工学习。

中期规划一般指2~5年的规划，我们可以在短期规划的基础上设计中期规划。例如，3年后成为部门经理，完成相应的业绩等。

长期规划是指5~10年的规划设计，主要是设定较长远的目标。例如，35岁时成为分公司副总经理，以及为实现此目标应采取的具体措施。

人生规划是指整个职业生涯的规划，设定整个人生的职业发展目标。

四、做好职业生涯规划的准备工作

做好职业生涯规划应该先分析以下几个方面的情况：

（一）自己适合从事哪些职业或工作

求职者要清楚自己适合从事哪些职业或工作，这是制订职业生涯规划的关键和基础。需要考虑以下几个因素：

1. 自己的职业性向（类型）。约翰·霍兰德研究发现，不同的人有不同的人格特征，不同的人格特征适合从事不同的职业。约翰·霍兰德归纳出六种职业性向（类型）：

（1）实践性向。

（2）研究性向。

（3）社会性向。

(4)常规性向。

(5)企业性向。

(6)艺术性向。

每一种职业性向与特定的若干职业相匹配。

2. 自己的技能。技能也就是自身本领,如专业、特长等。本人的职业技能非常重要,如果某人具有某项突出的技能,这项技能可以为其带来收入,在自我定位时就应当把这项突出的技能作为一个重要因素进行考虑。

3. 自己的职业锚(职业动机)。职业锚是指人在选择职业的时候,无论如何都不会放弃的职业中至关重要的东西或价值观。它是人们在制订职业生涯规划时需要重点考虑的要素。我们在选择和发展职业时都要围绕职业锚来展开。每个人都有自己的职业锚,影响一个人职业锚的因素有以下几个:

(1)天资和能力。

(2)工作动机和需要。

(3)人生态度和价值观。

周围环境和后天努力等因素会影响人的职业锚。从这点来看,职业锚不同于职业倾向。例如,一个人考取了经济学博士,并且在经济领域从事研究工作有 20 年了,他的职业倾向和性格可能不是做经济方面的分析与预测,但是他自己有内心的坚守,就不会考虑放弃本专业的研究,这就是他的职业锚在起作用。埃德加·施恩在研究职业锚时将职业锚划分为以下几种类型。

(1)技术或功能型职业锚。这类人选择职业时往往从自身爱好与个性出发,不太愿意从事管理工作,他们更愿意在自己擅长的专业技术领域内做出成绩。

(2)管理型职业锚。这类人有强烈的做管理人员的愿望,希望在管理岗位实现自身价值。成为管理人员需要具备以下几种能力:

①分析能力:在信息不充分或情况不确定时,有较强的判断、分析、解决问题的能力,尤其是在信息混乱的时候。

②人际能力:影响、监督、领导、应对与控制各方面人员的能力。

③情绪控制力:在面对紧急事件时,有担当、有作为,敢于承担重大责任,遇事能管理好自己的情绪。

(3)创造型职业锚。这类人需要创立完全属于自己的东西,或是以自己名字命名的产品、工艺品,或是自己的公司,或是能反映个人成就的私人财产等。

他们认为只有实实在在的事物才能体现自己的才能。

(4)自主与独立型职业锚。有些人更喜欢独来独往,自由支配时间,不愿像很多人那样在公司里工作。他们可能会有非常高的技术型职业定位,但是他们又和那些简单的技术型职业定位的人不同,他们不愿意在组织群体中发展,而宁愿做一名咨询人员。他们会选择创业,或是成为自由撰稿人。

(5)安全型职业锚。这类人最关心的是职业稳定性与安全性,他们要付出努力来获得安定的工作、可观的收入。很多人都会选择这种职业定位,这主要是由社会发展水平决定的。

4. 自己的职业兴趣。我们在做职业生涯规划时,还要考虑自己的职业兴趣,例如:

喜欢旅行(向往经常出差的职业);

喜欢温暖、湿润的气候(适合在南方工作);

喜欢自己做出决定、管理团队(适合自己做老板);

喜欢在中等城市定居;

不想在大公司工作;

喜欢穿休闲服装上班;

不喜欢整天在办公室工作等。

除此之外,我们也不能忽略自己已掌握的职业技能,如果一个人具有某项技能,并且这项技能可以给他带来不错的收入,那么他在做职业生涯规划时要把这项技能作为一个非常重要的考虑因素。

(二)自己所在公司能否提供适合自己的岗位以及职业通路

我们要考虑公司能提供哪些岗位,并挑选那些适合自己的岗位。假设公司已经没有适合您的岗位,换句话说,当公司不能提供适合您的工作岗位的时候,您自己可以考虑去其他公司工作。公司管理部门的工作人员可以帮助自己的员工做长期的职业生涯规划,为相关工作人员提供出路,充分调动每个员工的主观能动性,帮助企业创造效益。

职业生涯规划有一定的时效性,也就是说它有时限。面对快速发展的社会,对有些人来说制订一个长远的职业生涯规划有些脱离实际,所以,有必要根据自己的实际情况和整个社会的发展态势,把理想目标分解成许多具有可操作性的小目标,让职业生涯规划灵活一些。一般来说,以 5~10 年这样的一个时间跨度来制订职业生涯规划是比较合适的,这样不仅能跟上社会发展的步伐,还有利于职业生涯规划的调整。时间跨度过短或者过长的职业生涯规划都会影响人的成长,应该科学地制订职业生涯规划。我们可以采用以下两种方式:一是依据自己的年龄结构来制订规划,如30~35岁职业生涯规划、2010~2020年职业生涯规划;二是根据职业规划中可能会提升的职位或按照职务的不同变化作为划分的标准,制定一定时期内和不同时期内自己努力的目标,如5年内做到公司主管的位置,10年内成为公司的副经理等。

(三)自己要做好社会化分析,处理好人际关系

我们在做职业生涯规划的时候,要把目光放长远,对自己现有的工作充满期待和想象,这种期待和想象使自己在做具体的工作时,全心全意为企业去创造价值,始终保持积极的心态,并努力改进工作方法。我们需要明确自己在接下来的几年中有哪些竞争优势,随着年龄的增长这些竞争优势是越来越弱还是越来越强,自己目前从事的职业是否是最合适的,是不是迫于无奈的被动选择等。

我们要对自己进行社会化分析。随着社会的发展,大学生应该选择适当的方式与社会接轨,这就需要对社会大环境进行认真的把握和分析,关注经济发展的走向,当今社会有哪些热门领域,自己所学专业的就业前景如何,自己将要选择的职业在未来很长一段时间内的地位是否会发生很大改变等。在实践中,我们要关注企业未来的发展势头以及它在本行业中的市场占有率等。大学生要对一些社会发展趋势问题有自己的见解,培养自己理性思考的能力,把社会需要、自己面临的职业选择和未来的通路有机地结合在一起。

个人处于社会环境中,不可避免地要和形形色色的人打交道,要保持良好的人际关系,因此,分析人际关系状况是非常重要的。人际关系分析应着眼于以下几个方面:个人在职业发展的过程中将与哪些人打交道;哪些人将会对个人发展产生影响;个人在工作中会遇到什么样的领导、同事或者竞争者;个人应该如何处理与其他人的关系,如何提高个人的人际交往能力并与他人和谐相处等。

五、职业生涯规划的格式

职业生涯规划的格式如下：

(一)自我认知

运用理论知识和测评工具，对自我有一个比较全面的认知。

(二)环境认知

对目标职业的探索以及对社会环境、家庭环境、学校环境的探索等。

(三)目标的制定与决策

目标的制定与决策一定要符合一定的原则，如SMART原则。职业目标、大学目标和大学各阶段目标应该清晰可行，科学合理。

(四)路径的实施

要有清晰的目标实施路径，如学生详细地规划大学各阶段目标的实施路径。

(五)评估反馈与调整

要有科学的评估反馈手段，备选目标要与首选目标有一定的关联性。

六、在做职业生涯规划时需要注意的问题

在做职业生涯规划时需要注意以下问题：

(一)思想问题

有的大学生在最开始选择职业时不够谨慎，做出了错误的决定，不但没有及时纠正错误，还继续坚持工作，没有意识到职业生涯规划的问题。他们认为既然我已经这样了，我还需要做职业生涯规划吗？

实际上，在制订职业生涯规划的过程中，你现在所处的位置并不是最重要

的，你下一步要如何做以及目标、方向是怎样的才是最重要的问题。

(二)经验问题

大学生要敢于试错，脚踏实地，在错误中学会成长。认识问题、分析问题、解决问题是一个优秀大学生必备的能力，如果遇到问题就退缩、逃避，问题依旧会在那里。要在试错中不断总结经验，并勇于承担责任。大学生在做职业生涯规划时经常会碰到这样的问题：自己在做职业生涯规划时感到很困惑，又不知道如何去处理理想与现实之间的差距，而且很多时候不知道下一步该怎么办。

其实人的经验都是从无到有的，这是一个勇于尝试、积极探索、客观分析的过程。人要在实践中积累经验，不能只靠想象，要在实践中不断地尝试，但这并不是说我们要尝试所有职业，而是在实际工作中积极想办法解决问题。在实际工作中，我们可以向有经验的人寻求帮助。当你在工作中出现心理困惑时，可以寻求心理咨询师的帮助，消除心理困惑，及时消除负性心理和情绪，提高承受和应对挫折的能力，掌握人际沟通的方法，增强社会适应能力，一步步地接近职业目标。

(三)切入问题

有的大学生不知道自己适合做什么工作，也不知道该选择什么样的行业或企业。我们每个人的生活轨迹不一样，对一些行业或企业的看法也不同。在日常的学习生活中，大学生要多做功课，做事要有计划，而不是盲目地跟随他人。对每个人来说，职业发展不是一条简单通畅的道路，这条道路上有很多十字路口，面对困难和选择时，我们要坚定信念，讲究策略，这样才能实现自己的目标。

当我们确定自己的职业发展目标之后，要对整个行业进行宏观分析，分析不同行业的发展阶段和发展前景、是否有针对该行业的扶持政策、行业现在的状况以及切入的时间是否正确等。在找准行业后，我们需要分析行业中不同企业的市场占有率，筛选出优秀的企业，再判断哪些企业自己可以去尝试。我们要对目标企业的经营状况、法人的基本情况、领导的工作风格、产品、单位福利待遇等方面进行调查。企业的价值观也是非常重要的一点，我们要勤查资料，了解目标企业的价值观和企业文化。

(四)环境问题

当周围的人都接受你做的这份工作，即他们认为这份工作很好，并希望你继续做下去的时候,我们要清楚这份工作是自己想做,还是别人的意志占了上风。这就好比一个人应该穿40码的鞋子,鞋子小的话就会挤脚,鞋子大的话又不跟脚,脚必须要穿合适尺码的鞋子才会感觉舒服。这里需要强调的是,穿鞋的人是你自己,舒服与否只是你自己的感觉,别人是体会不到的。

【例文】

职业生涯规划书

一、引言

社会经济的快速发展、信息化程度的提高为我们提供了很多的机会,同时也带来了挑战,大学生应该提早做好职业生涯规划,为今后更好地适应社会、进入职场打下良好的基础。作为新时代的大学生,要对这个世界有一个清醒的认识,对就业形势要有清晰的认识,学会理性思考,只有这样我们才能更好地适应社会,为社会做出更大的贡献,更好地实现自己的人生价值。

二、自我认识

1. 我的兴趣爱好。我喜欢听歌,但不怎么会唱歌。我喜欢体育运动,如排球、足球、长跑。我平时喜欢上网,爱看电影。在学习方面,我总是不按照计划进行,可能在学习的前半阶段比较乐观、积极,而学习的后半阶段就开始偷懒了,学习态度不够端正,得过且过,最后成绩可想而知。我喜欢做各种实验,动手能力不错。

2. 我的性格。我的性格开朗、活泼,比较外向。我有的时候做事会马虎,想起什么就做什么,有的时候跑去看别人在看什么东西,手里的工作就停滞不前了。我有时会比较理性地看待事情,但又不想深入地去了解事情的来龙去脉。进入大学校园后,我无法改变高中阶段那种被动接受知识的习惯,不过,我想主动改变,哪怕每天改变一点也好。在今后的学习工作中,我要努力弥补自己的短处,把自己热情、积极的一面展现给他人,多和优秀的人在一起,促进自己向好的方面发展。

3. 我的学习成绩。我的学习成绩不太理想,我总是马虎、不认真,学习缺乏行动指引,自己以后要在学习方面积极改进,端正学习态度,努力学习,争取用优秀的成绩完成学业。每个人都有自己的潜能,我会继续发挥自己的潜能。我会多积累文学、历史方面的知识。我的英语不太好,要养成每天学英语的习惯,努力提升我的英语听说能力。

4. 我的职业倾向。我们必须根据自己的实际情况找到最适合自己的职业。在大学期间,我会努力学习、勤奋进取,利用假期时间进行社会实践。我计划在毕业后去创业,把自己的想法付诸实践,更好地回馈社会。

三、职业分析

当前,我国正处于社会转型时期,新技术、新思想将为经济发展注入新的生机和活力。我是医学类专业的学生,在我看来,医生是比较稳定的职业,但需要长时间的学习和积累,还要处理好医患关系。我认为康复医疗是很好的职业方向,需要具备相当多的康复知识。

四、职业生涯目标的确立

作为一名医学专业的学生,我要发挥自己的专业特长,以救死扶伤为己任,对职业生涯做一些具体规划。我现在具备了丰富的医学知识,以后会从事与医学有关的工作。

五、行动方案的制定

作为新时代的大学生,要制定符合自身情况的行动方案,不能超过自己的实际条件,不能好高骛远,要多学习专业知识和科学文化知识,用知识把自己武装起来,积极参加社团活动和实践活动,真正做到理论与实践相结合。每个人都有长处,要发挥自己的长处,在实践中弥补自己的短处,努力调整好自己的心态,戒骄戒躁,让心安静下来,三思而后行。制定的目标要符合实际,多思考、多看书,努力培养自己的创新意识。

六、评估和反馈

我虽然制订了职业生涯规划,但是规划中还有很多不成熟的想法,无论是职业选择,还是晋升通道,预先设定的目标都极有可能出现较大的变动,需要自己不断地总结经验教训。

这是我自己设计的一个相对完整的职业生涯规划,我对目标有了一个初步的设想,为了达到目标要先从学习上下功夫,有了向前的动力,自己的人生目标和职业目标也越来越清晰,对自己的未来也充满了信心。我相信按照目标努力一定会取得阶段性的成功,要敢于正视自己存在的问题并寻求解决问题的办法,要积极发挥自己的潜能,接受现实,克服困难,逐渐建立积极乐观的心态,学会调整心态。

课后练习

当你即将步入社会,今后想从事与本专业相关的工作,该怎样制订职业生涯规划?

第五节　竞聘书

课程导入

小王进入公司有两年了,工作岗位一直没有变过。这天公司发布了一条内部消息,某部门缺少一位经理助理,要在全公司范围内选拔人才。

思考:小王符合竞聘经理助理的相关要求,小王该如何去竞聘?

学习重点:竞聘书的分类。

学习难点:竞聘书的格式及写作要求。

一、竞聘书的含义

竞聘书又称竞聘报告、竞争上岗演讲稿、竞聘演讲稿,是竞聘者在竞聘会议上向与会者发表的一种阐述自己竞聘条件、竞聘优势,以及自己对竞聘职务的认识,被聘任后的工作设想、打算等的文书。

二、竞聘书的分类

竞聘书一般按职位类属进行分类,有机关干部竞聘书、企业干部竞聘书、事业单位干部竞聘书等。

三、竞聘书的格式

竞聘书一般由标题、称谓、正文、落款组成。

(一)标题

有的竞聘书直接以文种为标题,即在正中间写上“竞聘书”,有的以竞聘职位和文种为标题,如《科研处处长竞聘书》。

(二)称谓

一般情况下,写“尊敬的各位领导、同志们”等。

(三)正文

正文一般包括以下几个内容。

1. 开头方式与介绍基本情况

竞聘者先向大家问好,并自报家门,介绍自己的基本情况。由于竞聘者的演讲时间是有限制的,所以如何开好头便显得非常重要,有经验的竞聘者常用以下几种方式来开头:

(1)用真诚的语言表达自己诚挚的谢意。采用这种方式能拉近竞聘者和听众的距离,获得比较好的竞聘效果。例如,“我在这里要感谢在座的领导、同志给了我参加这次竞聘的机会”。

(2)简要介绍自己的有关情况,如姓名、学历、职务、经历等。例如,“我叫×××,就读于××大学××系,于××××年毕业,××××年加入了中国共产党,现任××××”。

(3)大概叙述一下竞聘演讲的主要内容,让评选者明确自己演讲的主旨。例如,“我今天的演讲内容主要有两部分:一是我竞聘××××的优势,二是谈谈做好××××工作的思路和打算”。

2. 自己的优势

结合竞聘岗位,介绍自己的优势和能力。竞聘者在介绍自己的优势时,一定要找准时机,即通过要竞聘的岗位来介绍自己的经历、学历、业务能力、工作业绩等已有的成绩，一定要抓住重点，切记不要面面俱到，毕竟时间有限，要根据内容的重要程度有所取舍。

3. 自己的不足

简要说明自己身上存在的不足。竞聘者在介绍自己时要多展示自己的长处，但也可以说自己身上存在的不足。

4. 任职后的打算

从评选者的角度来看，大家更关心的是竞聘者任职后的想法和打算，因此，竞聘者在进行竞聘演讲时，一定要用通俗易懂的语言表明自己的想法、观点，要紧紧抓住大家关心的重点、热点问题，提出切实可行的措施来履行岗位职责。

5. 结尾

好的结束语能加深评选者对竞聘者的好印象，有助于提高成功竞聘的概率。竞聘演讲常见的结尾方式有以下几种。

(1)表明自己对竞聘成败的态度。运用简洁、真挚、富有感情的语言来表达自己对竞聘的态度。例如：

作为此次竞聘上岗的拥护者和积极参与者，我希望在这次竞聘中能够脱颖而出。我不害怕失败，不管最后的结果如何，我都将听从组织的安排，做好自己的工作。

(2)表达自己对竞聘上岗的信心。例如：

借此机会，我还想说说自己对未来的期望。我想向大家展示一个真实的自己。我有扎实的基本功，充满爱岗敬业精神和工作热情，拥有丰富的管理经验，我一定能把副经理的工作做实、做细、做好。如果大家相信我，就请给我一个机会，我绝不会让大家失望。

(3)希望得到评选者的支持。例如：

最后请各位评委、各位领导相信我，投我一票！我会尽我所能做一名合格的部门经理。

写好竞聘书的关键是竞聘者要对自己竞聘的岗位有一个非常全面且深刻的理解与认识，要围绕竞聘岗位来做文章，对岗位的理解不同，出发点和落脚点也不同。

首先，竞聘者对竞聘岗位的理解要有一定的高度和深度，这样在今后的工作中才能抓得更准、更到位。例如，在竞聘某学院图书馆馆长这个岗位时，仅知道图书馆馆长的职责是完成图书馆日常管理工作是不够的,还应上升一个高度,即图书馆是提高教师、学生的综合素质的地方。

其次,竞聘者要对竞聘岗位形成新的认识,要从新思想、新观点、新角度出发。竞聘者要多关注和研究竞聘岗位的新形势、新动态、新情况、新问题,不断地思考,这样才能得出新思想、新观点。另外,竞聘者可以运用不同的思考方式,从不同人的角度出发,提出自己对竞聘岗位的新认识与新观点。竞聘者对竞聘岗位的新认识可以给听众带来耳目一新的感觉。

(四)落款

落款,即署名和日期。一般作为演讲用的竞聘书,落款部分不需要读出来。

四、竞聘书写作的要求

(一)语言要有气势

竞聘活动本身具有竞争性,这是它的重要特征,要积极争取听众的支持。竞聘书的语言要有气势,这里所说的气势是一种浩然正气,有渊博的知识,有光明正大的精神,对党的事业忠诚,心系人民群众。

(二)态度要诚恳

竞聘演讲其实就是自我举荐,竞聘者应该有一个积极的态度,把自己的优点展现出来,让大家来评判。但值得注意的是,竞聘者在展现优点的时候,态度要诚恳、真实,发自内心,不能为了成功上岗就随意夸大自己的优点。

(三)表达要简练有力

简练就是话说得少,而意包含得多。竞聘演讲就是在宣传自己,为自己造势,但自己不可以想说什么就说什么,很多时候是多说无益,应该用最简练的语言把自己的真实想法和意愿说出来。

(四)内心要充满自信

不要怕推销自己,只要你认为自己有才华,你就应该大胆地参加竞聘。当你信心满满地走上演讲台，要以一种平和的心态来展示自己，可以适时地创造主题句，达到发人深省的效果。当然，自信必须建立在丰富的知识储备上，发自内心的自信会转化成你竞聘的力量，转化成你工作的动力。

【例文】

竞聘书

各位领导、同事，大家好：

我叫××，38岁，中共党员，很高兴今天能参加副处级岗位的竞聘。

作为一名积极向上的××职院人，我感到很骄傲。此前，我经历了评建工作，如今我校已成为省内高水平高职院校的一员，我深感自豪。借此机会，我向多年来一直关心、支持、帮助我的各位领导和同事表示诚挚的感谢。

本人于2005年参加工作，2007年进入招生就业处，现任招生就业处就业科科长，兼任双创教研室主任，主要负责学校的就业、创业、专升本等方面的工作。在参加此次竞聘前，我对自己进行了认真、全面的分析，我之所以参加竞聘，主要基于以下考虑：

一、理想信念坚定、政治立场鲜明

作为一名党员干部，我坚决拥护党的领导，发挥先锋模范作用。在政治、思想和行动上，我都能贯彻落实上级的决策，在一些原则问题和重要事件上立场坚定，旗帜鲜明。

我时刻牢记党的嘱托，牢记一个共产党员应尽的义务，要将自己的责任时刻牢记心中，自觉践行党的宗旨，始终把群众的安危冷暖放在心里。在社会责任面前，我们应该毅然选择舍小家顾大家，用不惧风险、默默付出、爱心服务、踏实工作来演绎新时代职教人服务社会的平凡故事，向社会各界展现职教人的精神风貌。谨遵学校党委的嘱托，不忘初心，牢记使命，奉献自己，为校争光。

二、专业技能过硬、工作经验丰富

在十多年的工作中，我积极组织协调各级部门，努力创新工作方法，对学生进行就业指导，努力拓宽就业渠道。多年来，我指导毕业生就业工作，每年固定组织百余家企业综合招聘会，专场招聘会不低于30场，为毕业生提供了充足的就业岗位。学校连续多年初次就业率高于全省平均值，年终就业率超过92%。

先后获得省教育厅先进就业单位，国家就业百强单位等称号。

本人兼任双创教研室主任，除了承担常规教学任务以外，我还承担了学校创业园区的管理工作。2019年，学校双创工作通过省教育厅创新创业指导委员会评估、通过省高水平特色建设项目中期验收，并得到省领导的一致好评。

在负责专升本工作时，我不断地加强宣传引导，从以往几十人报考到如今每年报考人数600余人。从十几人录取，到去年录取200多人，录取人数呈现跨越式增长，录取比例占毕业生的12%，在省内处于前列。就业工作和专升本工作是我校招生重点宣传项目，喜人的成绩吸引了社会关注，也为生源保障提供了有力的支撑。

三、坚持不懈学习，提高自身素质

在日常工作之余，我会创造学习机会，不断地提高自己，经过不懈的努力，略有成绩：国家二级创业咨询师以及省科技厅、市人社局外聘就业创业讲师等。同时，我还参与了《大学生职业生涯》等教材的修订编写工作。获得国家专利一项，发表多篇论文。我会继续努力学习，丰富经验，为今后的工作打下扎实的基础。

我有信心和决心做好副处级岗位的工作。敢于开拓，乐于奉献，善于沟通是我多年来对自己的要求。我会时刻保持艰苦奋斗、戒骄戒躁的作风，努力拼搏。

最后，无论党组织把我安排到哪个岗位，我都坚决服从党委的决定。谢谢大家。

竞聘人：××

××××年××月××日

课后练习

某公司举行内部竞聘，参加岗位竞聘的人员应在规定日期前向领导小组办公室（人事部）递交竞聘演讲稿（限1500字，纸质版和电子版各一份）。竞聘演讲主要介绍自己的工作经历、竞争优势、德才情况、工作业绩和对竞聘岗位工作的设想。假如你是竞聘人员，你会怎么写？

第六节　述职报告

课程导入

小王在中层领导岗位已经有一年多的时间了，今年年底，公司让每一位中层领导提交述职报告。

思考：如果你是小王，你会如何写述职报告？

学习重点：述职报告的分类。

学习难点：述职报告的格式及写作要求。

一、述职报告的含义

述职报告是指现任领导职务的干部或某一单位的负责人，根据法律的规定或者由于工作的需要，定期或不定期地向机构、上级领导机关、主管部门以及本单位的干部、群众，汇报自己在一段时间内履行岗位职责情况的一种文书。

述职报告是工作报告中的总结性报告，主要用于干部考核管理。述职报告的作用是让上级领导机关或人事部门、群众了解并评定领导干部个人或集体的成绩，预测领导干部未来的发展潜力，进而更好地完成工作任务。在实施公务员制度之后，党政领导干部逐步开始使用述职报告。随着述职报告的广泛应用，它也可以作为工作人员履行岗位职责的考核依据，对还没有职务的一般工作人员来说，常称为“工作业绩报告”。

二、述职报告的特点

(一)自述性

述职报告是由报告人用第一人称叙述自己在任职期内各种职责的履行情况。

(二)自评性

述职报告是报告人根据岗位职责和目标规范,对自己在任期内的德、能、勤、绩、廉等方面的具体情况做出实事求是的自我定性、自我鉴定、自我评价。

(三)报告性

在述职时,报告人以被考核、接受领导或群众评议的身份做报告,语言要礼貌、得体、谦逊和诚恳,需要把握好自身的角色尺度。

三、述职报告的分类

述职报告可以从不同的角度进行分类。

(一)按内容划分

1. 单项工作的述职报告:报告内容是对某一项具体工作的汇报,一般情况下是临时性、专项性的工作。

2. 专题性的述职报告:报告内容是反映某一层面工作的专题。

3. 综合性的述职报告:报告内容是对某一个时期的工作进行比较全面、综合的反映。

(二)按时间划分

1. 任期述职报告:是指报告人对任职以来的全面工作进行总体报告。一般来说,时间较长、涉及面较广,要写出一届任期的情况,用于任期考核。

2. 年度述职报告:是指一年一度的述职报告,报告人要写出本年度的履职情况,用于年度考核。

3. 临时性述职报告:是指报告人在担任某一项临时性职务的阶段,写出其任职情况,如主持了一项教学科研项目或组织了一场赛事等,写出相关履职情况。

(三)按表达形式划分

1. 口头述职报告:是指报告人需要向选区选民述职,或者向本单位领导、群众述职,用相对口语化的语言写成的述职报告。

2. 书面述职报告:指报告人向上级领导机关或人事部门报告履职情况的书面报告。

(四)按功用划分

1. 考核述职报告:是指担任某一级别领导职务的干部向上级领导机关或主管部门汇报自己履行某一干部岗位职责的报告,是上级主管部门考核和评估的依据。

2. 竞聘述职报告:是指在公开竞聘某一领导岗位时,竞聘者向聘任机构或组织汇报自己履行原岗位职责的报告,它是上级组织部门考核、任免干部的主要依据。

四、述职报告的格式

述职报告的格式一般由标题、称谓、正文组成。

(一)标题

述职报告的标题其实有多种写法,可以分为单标题和双标题。

1. 单标题

(1)只用文种名称做标题,如《述职报告》或《我的述职报告》。

(2)由时间和文种构成,如《××××—××××年述职报告》。

(3)由职务和文种构成,如《××学院院长述职报告》。

(4)由职务、时间、文种构成,如《××大学科研处处长××××年述职报告》。

2. 双标题

由正标题和副标题组成，将报告的侧重点或主旨概括为一句话作为正标题，以职务、年度和文种构成副标题，如《夯实基础靠改革 寻求发展靠开放——××市××市长××××年述职报告》。

（二）称谓

如果是向上级机关呈送的述职报告，应写明受文机关。如果是向领导和本单位干部、职工做口头述职报告，则应写明称谓（称呼）。如果是用于公示的述职报告，可以不写称谓。

（三）正文

正文一般包括前言、主体、结尾和落款。

1. 前言。述职报告旨在概述报告人的任职情况、在岗职责以及在考核期内的目标任务，并总结在任职期间的自我履职情况。首先，报告人要简要地介绍下自己的任职情况，包括任职时间、担任何职以及是否有职务变动。其次，报告人要阐述自己的岗位职责和在考核期内的目标任务。最后，报告人总结自己在任职期间履行职责的情况。由于工作变动等原因，以上三个方面的内容在述职报告中的位置可以灵活处理，有的相关内容可以写进主体部分中。

2. 主体。主体部分是述职报告的关键，是领导对人员进行评价的主要依据。在这一部分，报告人要写出工作出发点、取得的工作业绩、有哪些经验体会、存在的问题，以及今后的打算、努力的方向和目标等。考核述职报告的书写应该侧重陈述自己的工作业绩和总结经验教训。竞聘述职报告的书写应该将重点放在展示自己在原岗位上的工作思路和工作设想上，向组织部门或选聘单位展示自己的工作能力和领导能力。主体部分的写法有以下几种：

（1）工作归类式。报告人把自己做的工作按照性质或内容进行分类，把每个工作当作一个层次并按照一定的顺序进行陈述，如管理、科研、教学、后勤等。报告人可以先写自己主持开展的工作，再写协助别人开展的工作，着重写有创新性的工作或者有开拓性进展的工作，简要描述常规性、日常事务性的工作。

（2）时间顺序式。报告人将自己在任职期间内工作的情况按照时间的先后顺序分几个阶段来写。在任期述职报告中经常采用这种写作方式，一般来说，任期较长、涉及面较广，工作中存在的问题会多一些，这样的写作方式便于总结归纳，可以展现工作的全貌。

(3)内容集中式。这是一种常见的方式，一般包括主要工作、工作思路、取得的成绩或效益、获得的经验或教训、工作中存在的问题以及相应的对策等内容。

3. 结尾。“以上报告，请审阅”“特此报告，请审查”“以上报告，请领导和同志们批评指正”等语句可以作为结尾。在必要的时候，我们可以在结束语的前面加上一个专门的、有总结作用的结尾部分。报告人可以写一段总结性的基本评价，也可以简单地说明自己的工作体会、感悟，或者今后的打算、设想等，如果这些内容前面都提过，也可以不写。

4. 落款。落款在结尾之后。

五、述职报告的写作要求

述职报告是用于干部管理考核的专用文种，在写法、内容、呈现形式上均有特定的要求。

(一)避免把述职报告写成工作总结

述职报告与工作总结在表达方式、结构形式、语言特点等方面有很多相似之处，但它们在诸多方面有本质的区别。第一，功能不同。工作总结在于总结过去、指导未来。述职报告是用于履职汇报、接受评议，报告人还要写自己对工作的期望。第二，评判角度不同。工作总结是对以往工作进行总结，如工作的内容、成绩、经验、体会等，分析问题和提出工作对策的篇幅相对较少，重在体现工作成效、业绩。述职报告则是陈述岗位职责是什么，如何尽职敬业等，重在考核报告人是否称职。第三，内容范围不同。工作总结可以从多个角度、不同层面来梳理工作内容，论成绩、讲不足等。述职报告则必须围绕岗位职责来陈述履职情况。

(二)突出履行职责情况

述职报告要务实，要既讲成绩又讲失误，既讲优点又讲不足。如果述职报告主要是反映报告人的工作成绩或相关工作对报告人的工作能力和工作水平有较大影响的，就应该把这些内容作为写作的重点，写得深入、透彻一些。而那些常规性工作尽量少写，或者几句话带过。述职报告还要处理好分管与协管之间的关系，要区分哪些是报告人的个人成绩，哪些是集体成绩，要处理好个人与集体、个人与同事、个人与领导之间的关系。述职报告应重点表述报告人分管工作的情况，要公正、准确，既不过分夸大自己的能力，也不过分贬低自己，要立足实际，客观地评价自己，真实地反映工作情况。如果是报告人协管的工作，就要讲清楚自己在工作中的参与程度和主要作用、投入了多少精力、解决了哪些困难等。

（三）善于抓住重点，突出特点

述职报告要按时间的先后顺序或者按岗位调动的先后顺序来叙述。述职报告不需要对每样工作都进行详细的介绍，否则，述职报告会很容易写成一篇冗长繁复的流水账。述职报告的书写要思路清晰，抓住关键问题，突出重点成绩，总结工作经验，抓住问题的实质，越是工作的重点部分，越要写得详细、具体，非工作重点部分则可一句带过。

在不同岗位、不同行业、不同职务层级的领导干部会有各自不同的工作方法和工作职责，有时担任同一职务的领导干部也会有不同的工作重点，在实际工作中形成各具特色的工作方式。因此，报告人要突出自己工作的特点或总结工作要点，显示出自己的工作个性，在叙述的过程中尽量避免出现雷同的词语。

（四）理论与事实结合，突出理论认识

可以说，述职报告是反映报告人的理论水平、文化水平、政策水平、管理水平和综合能力的一种文书。怎样写述职报告才能更好地反映出报告人的理论水平？我们可以运用理论与事实相结合的方法来突出自身的理论水平。理论指的是理论观点、工作思路、施政理念、规律方法等，事实指的是具体的成绩、成效和具体的工作情况等。述职报告应以叙事为主，论理为辅，采用叙述和议论相结合的方式，既不能像大事记或记流水账那样就事论事，堆砌资料，也不能像理论文章那样，通篇都是理论阐述，缺乏事实根据。最好的方法是叙议结合，在事实的基础上进行概括、总结，将理论与事实有机结合。

【例文】

述职报告

尊敬的领导：

××××年转瞬即逝，在您的正确领导和关怀下，我时刻牢记全心全意为人民服务的宗旨，创新工作思路，以创先争优为指导，圆满完成了上级领导机关下发的各项任务。现将工作情况述职如下：

一、工作内容

党建工作始终是社区工作的重点。在日常的工作中，我会汇总、打印、装订、整理党建工作材料，每一项工作都需要集中精力去完成，不能出现任何纰漏。最终，我们社区被评为党建工作先进集体，这是对我们社区党建工作最大的肯定。

此外，我还参与了第七次全国人口普查工作。这是我国组织进行的一次重要的全国人口普查工作，是一项重要的政治任务。在参与普查期间，我和其他工作人员加班加点，放弃休息日，认真记录居民家的人口信息。我们采用网格化管理和入户普查相结合的调查方法，顺利完成全国人口普查工作。

除此之外，我还负责更新社区网站、登记失业人员信息等。我热爱社区，我喜欢我的工作，我会关注社区的发展，保质保量地完成每一项工作。

二、工作感受

社区工作既简单又复杂，社区居民的事就是大事。作为社区居民的主心骨，我们有责任、有义务帮助他们。在遇到困难时，社区居民总是第一时间寻求社区工作人员的帮助。填表登记、关注社区环境卫生、解答医保问题、处理投诉等，我愿意为社区居民服务。社区居民的一句“谢谢”总是让我感到温暖，我会始终恪尽职守，为百姓解忧。

三、存在的不足及今后的打算

作为一名社区工作者，我知道自己的综合素质、业务能力还有待进一步提高。我将积极进取，不断创新，把社区的工作做好，为社区居民创造一个安定、祥和的生活环境。同时，我将克服工作中的不足，努力提高工作效率，确保工作质量，不留工作死角。我会继续努力，不断地学习、提高自己的工作能力，掌握新的工作方法。我将尽我所能，让社区更加和谐、稳定。

谨向您表示最诚挚的敬意！

此致

敬礼！

述职人：×××

××××年××月××日

课后练习

假设你是××大学校团委干部，在学期末，老师组织大家进行学生干部测评，要求每位学生干部做述职报告，你会从哪些方面来做述职报告？

第五章　学业发展类文书

第一节　申请书

课程导入

某学院中文系新生小王家里的家庭收入状况不好，生活困难，学费还没有着落，他听说在校大学生可以申请助学贷款，于是他准备向银行提交贷款申请书。

思考：小王该如何写助学贷款申请书？

学习重点：申请书的写法。

学习难点：申请书的写作格式。

一、申请书的概念

申请书是个人或集体向组织、机关、企事业单位或社会团体表达自己的愿望、提出请求时使用的一种文书。申请书的使用范围广泛，是一种专用书信，它与普通的书信一样，也是表情达意的工具。申请书要求一事一议，内容要围绕一个主题。

二、申请书的特点

（一）请求的语气

申请书具有请求的特性。申请，就是申述自己的理由，有所请求的意思。无论是个人在政治生活上入团入党的申请，还是个人在其他方面的申请，都是一种请求满足自身要求的一种文书。

（二）采用书信的格式

申请书一般采用书信的格式，它本身是一种专用书信，因此，它必须按照书信的格式来书写。申请书的内容因个人要求的不同而不同，但格式基本保持不变。

（三）标准的行文

申请书是个人向组织、下级单位向上级单位或有关部门表达愿望、提出请求时使用的专用文书。申请书在语言的使用和选择上均需符合一定的行文标准。

三、申请书的种类

根据申请书的内容，可以把申请书分为三类：

1. 请求指示的申请书。此类申请书一般是政策性申请书，是下级单位需要上级单位对原有政策规定进行明确的解释，对处理突发事件或新情况、新问题进行明确的指示等。例如，复学申请书、开业申请书。

2. 请求帮助的申请书。此类申请书是下级单位针对某些具体事宜向上级单位请求批准的申请书，其主要目的是为了解决工作中遇到的困难和具体问题。例如，贫困补助申请书。

3. 请求批转的申请书。下级单位就某一事项提出处理意见和办法时，需要各有关方面协同办理，但按规定又不能直接让平级单位或互不隶属的单位办理，需上级单位审定后批转执行。例如，入党申请书。

四、申请书的格式

申请书一般由标题、称谓、正文、落款组成。

(一)标题

在申请书第一行的居中位置要写申请书的标题。申请书的标题可以直接写“申请书”,也可以用事由和文种组成,标准写法是××申请书。如入党申请书、调换工作申请书等。申请书标题的字体可以和正文一样,也可以比正文稍大一些。标题格式如下面所示:

入团申请书

××××××:

×××××××××××××××。

……

(二) 称谓

称谓也叫“称呼”或者“抬头”,就是在标题的下一行,顶格写明接受申请书的单位、组织(团体)、机关、领导的名称,如××团支部、××市公安局、××同志等,称谓后面要加冒号。称谓的前面可以加形容词进行修饰,以示尊敬,如“敬爱的团支部”“尊敬的领导”等。称谓格式如下面所示:

×××××

敬爱的团组织:

××××××。

……

(三)正文

正文一般由以下三部分组成:

(1)开头。主要交代申请书的缘由,它是申请事项能否成立的前提条件,也是上级单位进行批复的根据。申请人要写明为什么申请,也就是说明申请的目的、意义以及自己对申请事项的认识。理由要充分、合理,上级单位才好作出判断,对申请进行批复。申请人在撰写申请缘由的时候站位要高,从大局出发,以集体利益为重,而不是以个人利益为重。

(2)主体。主要说明请求事项,它是向上级机关提出的具体请求,也是陈述缘由的目的所在。要向领导、组织提出申请什么,这部分内容要简单明了,开门见山。申请事项要具体、明确、条项清晰,以便上级单位给予明确的批复。

(3)结语。另起段书写,一般是表明申请的迫切性,再次提出请求,进而表明自己的态度、决心。之后再写一些表示敬意的话,如"此致敬礼"等。也可写表示感谢和希望的话,如"请组织考验""请审查""望领导批准"等。

正文格式如下面所示:

×××××

××××××:

我志愿加入中国共产主义青年团。

(对团的认识……)

(个人介绍……)

(如果团支部批准我加入中国共产主义青年团……)

×××恳请团支部早日批准我加入中国共产主义青年团。

此致

敬礼

(四)落款

落款一般包括署名和成文时间。

落款在结语的下面,在右下方写上申请人姓名,并在其下面注明年、月、日。

五、申请书的写作要求

1. 申请事项要表述清楚、具体，列举的数据要准确无误。
2. 申请理由要充分、合理，实事求是，不能杜撰。
3. 语言要准确、简洁，态度要诚恳。

【例文】

请求帮助的申请书

尊敬的×××：

您好！

我是×××，现任职于××部门，职位是××。在此，我郑重地提出一份申请，希望能够得到您的指导和帮助。

随着公司业务的不断拓展和深化，我深感自己在业务拓展方面存在不足。为了更好地适应公司的发展需求，提升个人综合素质，我计划进行业务拓展方面的学习。然而，在实施过程中，我遇到了一些困难，需要您的指导和支持。

希望您能够为我提供有关业务拓展方面的学习资料和参考书籍，以便我能够更好地掌握相关知识和技能。

希望您能够为我安排一位具有丰富经验的导师或同事，指导我进行业务拓展，并提供相应的帮助和支持。如有需要，我希望能够参加公司的相关培训或研讨会，以便更好地了解行业发展趋势。

通过本次申请，我希望能够得到您的指导和支持，帮助我提升业务拓展能力，为公司的发展做出更大的贡献。同时，我也会积极努力，认真学习，不断地提高自己的综合素质和业务水平。

感谢您在百忙之中阅读我的申请。我深知公司对人才的重视和培养，也深知自己的不足。因此，我诚恳地请求您能够给予我指导和支持，帮助我实现自我提升。

此致

敬礼!

申请人:×××

联系电话:×××××××××××

课后练习

请你为自己写一篇请求帮助的申请书。

第二节 教案

课程导入

我们来看下面这个比较成熟的教案:

《短歌行》教案

教学目的:

1. 从历史的角度认识曹操。

2. 理解曹操的“忧”的内涵,学习曹操积极进取、重视人才的精神风貌。

教学过程:

一、导入

引导学生将历史上的曹操和文艺作品中的曹操区别开。

明确:曹操(155—220),字孟德,沛国谯(今安徽亳州)人。在汉末军阀混战中统一了中国北方。他是汉末杰出的政治家、军事家、文学家。其诗文慷慨沉雄、直抒胸臆,开建安诗文风气之先,既是杰出作家,又是文坛领袖。

曹操是一位有作为的历史人物,但是为什么有的人认为曹操是阴险狡诈的,说他是一个奸雄?

明确：受《三国演义》的影响，《三国演义》作者罗贯中亲刘贬曹。

我们应站在历史的高度看待曹操这一历史人物，承认他对历史的推动作用，肯定他的贡献。把握他的三个称谓：政治家、军事家、文学家。今天的语文课，我们就来学习他的一首著名诗歌《短歌行》，来分析一下他作为文学家的一面。

1. 找一名学生有感情地朗读《短歌行》，读出诗歌内在的节奏和韵律。

2. 让其他学生点评该学生的朗读风格。老师点评，然后再找一名学生朗读《短歌行》。

二、把握诗歌的情感主线

为了便于分析，我们把这首诗歌的上下两段再分别分成两部分，同学们看一看在哪里划分合适。

我们知道要想朗读好一首诗歌，就一定要把握它的感情基调，那么这首诗歌的感情基调是怎样的？如果用诗中的一个字概括，它是哪个字？

明确："忧"——慨当以慷，忧思难忘。何以解忧，唯有杜康……忧从中来，不可断绝。可以说，"忧"是诗人的情感焦点，那么诗人为何而忧？

下面让我们一起分析诗歌的第一部分，看看作者为何而忧。

1. 对酒当歌，人生几何？譬如朝露，去日苦多。

明确："当"也是对的意思，这与张正见《对酒》中的"当歌对玉酒"诗意相同。"朝露"这个意象，在古诗文中有特定的含义，即生命短促易逝，如"人生处一世，去若朝露晞"（曹植《赠白马王彪》）"浩浩阴阳移，年命如朝露"（《古诗十九首·驱车上东门》）"青青园中葵，朝露待日晞"（《长歌行》）。

那么，这四句诗该怎样理解，请一位同学说一下。

明确：对酒当歌的宴会时刻，感到人犹如易晞的朝露转眼即逝，失去的年华苦于太多。言外之意是余年减少而功业无成。

曹操这四句诗只是对自己说的吗？他有没有对别人说的意思？

明确：实际上曹操也是在巧妙地感染广大"贤才"，提醒他们人生就像"朝露"那样容易消失，岁月流逝已经很多，应该赶紧拿定主意，到我这里来施展抱负。所以，经过分析后，我们不难看出，诗中浓郁的抒情气氛包含了相当强烈的政治目的，也是在提醒人们珍惜时间、有所作为。

2. 慨当以慷，忧思难忘。何以解忧？唯有杜康。

明确："慨当以慷"是"慷慨"的间隔用法，这是由于四言诗句的要求和押韵才这样写的,“当以”只是衬字没有实在意义,用来形容激越的歌声。“忧思难忘”表示忧愁苦闷、难以忘怀。

“何以解忧?唯有杜康”,杜康在这里指代酒,大家知道哪些与酒有关的诗句?

明确:酒是中国文化不可或缺的部分。中国诗人与酒有着不解之缘。陶潜的菊花酒是人格高洁的标志。阮籍大醉六十天为了避婚。李白饮酒的豪语无人能比,“会须一饮三百杯”,“金樽清酒斗十千”,豪放浪漫,激情澎湃。诗圣杜甫,饱经沧桑,深沉忧郁,写出“白日放歌须纵酒,青春作伴好还乡”。苏轼有“把酒问青天”的纯真,也有“一樽还酹江月”的无奈。李清照有“沉醉不知归路”,“浓睡不销残酒”的欢乐与温馨。范仲淹有“浊酒一杯家万里”的思乡之情。王维“劝君更尽一杯酒,西出阳关无故人”,是对友人的送别之情。

酒到底能不能驱除作者内心积聚的忧愁?不能,那作者究竟为何而忧?

明确:人生短暂(板书)。

讨论:因人生短暂而忧,作者借酒浇愁。这样一来,全诗的基调是不是就是消极的、低沉的?我们继续看下文。

3. 青青子衿,悠悠我心。但为君故,沉吟至今。(俊士、贤才啊,你们令我朝夕思慕。正是因为你们的缘故,让我沉痛吟诵至今。)

4. 呦呦鹿鸣,食野之苹。我有嘉宾,鼓瑟吹笙。(鹿群在呦呦鸣叫,它们呼朋引伴相聚而食郊野的艾蒿。一旦四方贤才光临舍下,我将奏瑟吹笙宴请嘉宾。)

招贤纳士固然是好事,但用好人才更重要。结合鸿门宴相关情节,讨论刘项两人的成败与用人的关系。

项羽:刚愎自用,乌江自刎。

刘邦:虚心请教,成就天下之大功。

问:曹操如何对待人才?从哪几句可以看出他对人才的态度?

明确:呦呦鹿鸣,食野之苹。我有嘉宾,鼓瑟吹笙。呦呦,鹿叫的声音。苹,艾蒿。鼓,弹。

那么,我们找一位同学,理解一下这几句诗。

明确:这四句诗是作者引用《诗经·小雅·鹿鸣》中的句子,原是描写宾主欢宴的情景,这里借以表示作者对招纳贤士的热切期望,意思是说只要你们到我这里来,我是一定会以“嘉宾”之礼相待的,我们是能够欢快、融洽地相处并合作的。这八句诗仍然没有明确地说出“求才”两字,因为曹操所写的是诗,所以借用了典故,这就是“婉而多讽”的表现方法。这几句虽然表达了作者求贤若渴的心情,但现实是有的人才可望而不可即,作者为何而忧,就十分清楚了——贤才难得(板书)。

5. 明明如月,何时可掇?忧从中来,不可断绝。越陌度阡,枉用相存。契阔谈宴,心念旧恩。

问:“忧从中来,不可断绝”,作者为何而忧?

明确:“明明如月,何时可掇?”诗人用月比喻人才,深情呼唤天下贤才,我何时才能得到你们?显然这里作者为“贤才难得”而忧。

问:此诗哪几句最切合宴会主题?

明确:越陌度阡,枉用相存。契阔谈宴,心念旧恩。(要求学生用自己的话说一说这几句的含义,其实就是翻译这几句。)

问:曹操面对满座嘉宾,感谢他们的到来。看着众多的贤才,曹操内心充满喜悦。那他为什么还要“忧”?

明确:功业未就(板书)和人才的不够用。曹操虽然已经拥有许多人才,但他并不满足(人才不够用),还希望有更多的人才到他这里来(山不厌高,海不厌深),帮助他实现心中的宏伟目标——统一天下。而这些在下文是有所表现的,让我们来看课文的最后一部分。

6. 月明星稀,乌鹊南飞。绕树三匝,何枝可依?

乌鹊,就是乌鸦。匝,周、圈的意思,但三匝不是三圈而是很多圈的意思。

这几句既是写景,又是比喻,同学们想一想这几句是比喻什么?

明确:比喻贤者在寻找寄身之地。

哪里才是他们的寄身之地?答案是曹操这里。

问:同学们是从哪里看出来的?

明确:仅仅呼唤贤才(课文前面部分的内容)是不行的,还要有能让贤才信服的东西。曹操有哪些能让贤才信服的东西?(引出对下文的分析)

7. 山不厌高,海不厌深。周公吐哺,天下归心。

厌,满足。如:学而不厌,诲人不倦。“山不厌高,海不厌深”是借用《管子·形解》中的话。原文是“海不辞水,故能成其大;山不辞土,故能成其高;明主不厌人,故能成其众”。

作者引用这两句话是为了表达什么意思?

明确:尽可能多地招纳人才,正所谓多多益善,让人才纷纷前来投靠。(与前文忧人才不够用照应)

“周公吐哺,天下归心”,《史记·鲁周公世家》有这样的记载,“周公戒伯禽曰:我于天下亦不贱矣,然我一沐三握发,一饭三吐哺,起以待士,犹恐失天下之贤人”。“一沐三握发,一饭三吐哺”的意思是为了招待来访的贤士,连洗一次澡,吃一顿饭的时间都没有。洗澡要多次拧干长发,吃饭要多次吐出口中所含的食物。后来便以吐哺握发形容为招纳人才而操心、忙碌。吐哺,吐出嘴里含着的食物。归心,人心归服。

作者在这里引用这个典故有什么含义?

明确:表示自己要像周公一样热切、殷勤地接待贤才,使天下人才都心悦诚服地归顺。天下归心,这里的归心是人心归服的意思,显然这里既包括天下的贤人,也包括天下的百姓,那作者是想干什么?对,他是想统一天下。所以“周公吐哺,天下归心”隐约地显示出曹操作为一代政治家,吞吐天下的霸气。霸气归霸气,他统一天下的雄心壮志最终实现没有?对,没有。前面的诗句“忧从中来,不可断绝”,作者主要是为什么而忧?对,功业未就。

好了,这首诗歌我们基本就学完了,下面看黑板,我们简单地总结一下:我们说这首诗歌的感情基调是以忧为主的,而忧的内容主要有三方面:一是为人生短暂而忧,二是为贤才难得而忧,三是为功业未就而忧。同学们想一想,这三个方面,哪个是根本的,哪个是主要的,为什么,谈谈你的理由。

明确:功业未就是根本原因,因为这是作者的人生理想,贤才难得是主要原因(这一内容在文中所占篇幅最大),人才是他建立功业的保证,时间是他实现理想的条件。

既然这首诗歌的感情基调是以忧为主,那是否可以就此断定这首诗歌也是消极、低沉的?

明确:这首诗歌的感情基调虽然是以忧为主,但作者“忧”的内容是积极的、健康的。在开头,虽然诗歌的基调比较消极,但随着诗歌的展开,作者逐渐摆脱了这种忧伤的情绪,特别是到了诗歌的结尾处,作者更是以统一天下的强烈愿望驱散了心头的感伤,文气为之一振,变得高亢昂扬起来。

曹操心怀统一中原的雄心壮志,历经坎坷,又因年岁增长,光阴流逝,因理想尚未实现而忧愁,发出了人生短暂之叹,这不是无所作为者、不思进取者的消极之“叹”,而是渴望贤才帮助自己建功立业的英雄之叹,是进取中的忧叹,追求中的苦闷,表达了作者抓紧时间干一番大事业的强烈愿望,隐含着积极、昂扬向上的精神。

好了,下面同学们再齐读一下这首诗歌,看看有没有新的领悟。

三、研究性探讨

有人说三国之争实为人才之争,魏蜀吴之所以能三足鼎立,在某种程度上来说,就是因为他们各自拥有一大批才智过人的文臣与骁勇善战的武将。假如你是一个团队的领导,你将如何对待人才?你希望得到什么样的人才?

提醒学生,自己首先要成为人才,从现在开始,为将来打好基础。

四、课外拓展

请大家谈谈《短歌行》中,曹操表达的思想感情有何现实意义。

从写作的角度——敢于创新,抒发真情实感。

从人才的角度——广纳人才。

从人生理想的角度——积极进取,建功立业。

从国家政治的角度——国家的统一、安定是主流。

五、课后作业

学完《短歌行》后,同学们对曹操这一历史人物有了更多、更深的了解,请写一篇短文,谈谈你对曹操的理解。

思考:小王是一位即将进入实习阶段的师范类大学生,那么他应该怎样撰写教案?

学习重点:教案的格式、内容以及教案的书写。

学习难点:把教材内容内化的方法,写出执行性较强的教案。

一、教案的概念

教案,就是教学方案,它是授课教师在授课前根据教学对象、教学内容、教学目的、教学要求等而设计的,且必须依照其实施的方案。

教师在授课前需要对课程进行设计,,教师不仅要设计、撰写所授课程的总体教学方案,还要对每节课的教学内容、教学目的、教学方法、教学重点、教学难点进行明确的设计,并形成书面文字,按照方案实施教学。教案的内容应分为课程教案和章节教案,各部分的具体内容应当包括教学内容、教学学时、教学目的、教学形式、教学方法、教学手段、教学重点与难点、教学要求和考核方案等。在教学中需要采用一定的技巧,教师可以在备课时进行演练,也可以依靠教学经验即兴发挥,力求取得更好的教学效果,但不必将其写入教案。

二、教案的作用

在实际教学活动中,教案具有十分重要的作用。编写教案有利于教师更好地把握教材内容,准确地掌握教材的重点与难点,进而选择科学、恰当的教学方法,有利于教师科学、合理地支配课堂时间,更好地组织教学活动,提高教学质量,得到预期的教学效果。

三、教案的撰写原则

虽然不同课程有各自的特点,教学形式和手段也不尽相同,但它们在教案的撰写上是存在共性的,主要有以下几点:

1. 教学内容合理,符合课程宗旨,符合培养目标的要求,适应现实需要,内容、观点正确,有实际应用价值。教案必须以教学大纲和教材为依据,教师要确保教学内容的完整性和准确性,从学生实际情况出发,精心设计教学目的,合理地组织教材,突出重点,解决难点,便于学生理解并掌握系统的知识。教师应恰当地选择和运用教学方法,调动学生学习的积极性。

2. 理论联系实际。教师应根据不同班级学生的学习能力,对原教案进行适当的、必要的调整,课后随时记录教学效果,进行简要的自我分析,有助于积累教学经验,不断提高教学质量。

3. 逻辑清晰,符合学生的认知规律。教师在向学生传授知识的过程中,要向学生渗透掌握知识的方法,利用互动式教学,培养学生举一反三、自主学习的能力。

4. 不墨守成规,与时俱进。教案的撰写既是以往教学经验的总结,又是拓展新知识、新领域的尝试。

5. 创新教学方法。教师要给学生留有充分的思考余地,注重引导学生发现问题、研究问题、解决问题,遵循精讲多练的原则,要抓住本质、引人入胜,培养学生勇于实践、勇于探索的精神。

6. 教案不能面面俱到，应该在学科基本知识框架的基础上，对当前急需解决的问题进行研究、探索、阐述，能够体现教师对相关学科的学术观点以及研究心得。教师能根据社会需求、学生需求不断地发展、变换教学内容。

总之，教案是针对社会需求、学科特点以及教育对象的，具有明确的目的性、适应性、实用性的教学研究成果。

四、教案的特点

1. 科学性。教师要认真地贯彻课标精神，根据教学大纲和教材的内容，并结合学生的特点来确定教学的目标、重点、难点。教师在设计教案的过程中，一定要避免知识性错误，务必科学、准确。教师绝对不能脱离教学大纲，无视教材的完整性、系统性，不能随心所欲地设计教案。

2. 创新性。教材中的知识是固定的，不能随意更改，但是学生是不同的，教学方法是灵活的，怎样上好一节课，全凭教师的智慧和才干。教师在备课时要参考大量的材料，充分利用各种教学资源，汲取同行的经验。教师要把课本内容形成书面教案，再把知识传授给学生。教师在钻研教材的基础上，还要广泛地涉猎各种教学参考资料，向有经验的教师请教，然后结合个人的教学体会，恰当地运用教学方法和教学手段，巧妙构思教学内容，精心设计教学环节。由于每位教师具备不同的知识、经验、特长，而教学工作又是一项创造性的工作，因此，教案的写法不可能一成不变，教师要结合不同班级学生的特点，因材施教。

3. 艺术性。所谓教案的艺术性就是教师不仅可以让学生在课堂上学到知识，而且还能让他们欣赏艺术、体验快乐，寓教于乐。教案也可以成为一篇独具特色的课堂教学散文。所以，导语、教学过程、知识巩固、板书设计等要层层递进，环环相扣，达到立体教学的效果。教师的说、谈、问、讲等课堂语言要字斟句酌，用词准确。教师的示范、演示也要精准到位，形象生动。

4. 可操作性。教师在写教案时，一定要从课堂实际出发，要充分考虑学生的接受能力以及教案的可行性和可操作性，该简略的就简略，该详细的就详细，要简繁得当。

5. 变化性。教师授课时要面对不同班级的学生，授课对象是不同的学生，他们的思维能力不同，对问题的理解程度不同，经常会提出不同的问题和看法。

在这种情况下,教学进程经常会偏离,因此,教师不能过分地依赖教案,打压学生的积极性,要根据学生在课堂上的实际反馈,改变原先的教学计划和教学方法,不断地启发学生的思维,积极地引导他们。

教师在备课时,应该充分了解学生的学习能力,以便更好地准备课程内容和教学策略。在确定教学重点和难点时,教师需要结合学生的实际情况来进行分析和判断,以确保教学内容的有效性和可理解性。在教学过程中,可能会出现各种问题和困难,如学生的理解能力不足、注意力不集中、课堂纪律混乱等。针对这些问题,教师需要采取相应的措施引导学生,如调整教学方法、增加互动环节、加强课堂管理等。当出现打乱教学计划的情况时,教师不要惊慌失措,要保持冷静并及时调整教学计划,可以根据实际情况重新安排教学内容和进度,或者采用其他教学方式和方法来弥补不足,培养学生的进取精神和自主学习能力,让他们能够主动思考和解决问题。

总之,教师在备课时应该充分考虑学生的需求和情况,制定合理的教学目标和计划,并在教学过程中灵活地应对各种问题和挑战,达到预期的教学效果,让学生受益。

五、教案的写作要求

教师在编写教案时必须要以教学大纲和教科书为依据。从学生的实际情况出发,精心设计。一般要符合以下要求:

1. 教师要确定教学目标,根据教学大纲和教科书,明确本节课的教学目标,包括知识点、技能以及能力的培养。

2. 教师要确定传授基础知识、培养基本技能、发展能力以及思想政治教育等任务。

3. 分析教学内容:教师要对教材进行深入的分析,找出重点和难点,为教学方法的选择和教学过程的设计提供依据。

4. 选择教学方法:教师要根据教学内容和学生的实际情况,选择合适的教学方法,如讲授法、讨论法、实验法等。教师要恰当地选择和运用教学方法,调动学生学习的积极性。

5. 制定教学评价:教师要设计教学评价方法,对学生的学习效果进行评价,以便及时调整教学策略。

六、教案的写作内容

1. 课题,说明本节课的授课名称。

2. 教学目的,也称教学目标或教学要求,说明本节课所要完成的教学任务。

3. 课型,本节课是新授课,还是复习课。

4. 课时,说明完成这一知识点需要几节课,本节课属于第几课时。

5. 教学重点,说明本节课必须解决的关键性问题。

6. 教学难点,说明在本节课的授课过程中和学生学习的过程中会遇到什么样的困难。

7. 教学方法,说明在教学中如何引导学生自学,启发学生思维。

8. 教学过程,或称课堂结构,说明教学的内容、步骤、授课时间分配以及布置书面作业或口头作业。

9. 板书设计,说明上课时准备写在黑板上的内容。

10. 教具,或称教具准备,说明为了辅助教学而使用的工具,如 PPT、网络平台等。

11. 教学反思,是教师上完本节课后的收获、不足以及改进方法。

七、教案的写作格式

课题(略)

课型:(略)　　　　　　　课时:(略)

教学目标:(知识目标、能力目标、情感目标)

教学重点难点:(教学重点、教学难点)

教学方法:(略)　　　　　教具:(略)

教学过程设计:(每个部分的时间分配)

1. 导入新课(2~5 分钟)

2. 讲授新课(20 分钟)

(1)针对不同的教学内容,选择不同的教学方法。

(2)提出问题、分析问题、解决问题。

3. 巩固练习(5~10 分钟)

精心设计练习内容，有层次、有难度、有密度。

4. 归纳小结(3~5分钟)

5. 布置作业(1分钟)

6. 板书设计(略)

7. 教学反思(略)

【例文】

小数的认识

教学目标：

1. 知识与技能目标：结合具体内容来帮助学生认识小数。学生能识别小数，会读写小数，知道以元为单位的小数的实际含义。

2. 过程与方法目标：通过探究等丰富的学习活动，学生能正确地理解小数的含义。

3. 情感态度与价值观目标：体验数学与生活的联系，增强数感。

教学重点：会读写小数，正确理解小数的含义。

教学难点：理解小数的含义。

教学准备：多媒体课件。

教学过程：

一、情境导入(2分钟)

谈话：开学的时候，小明的妈妈为小明准备了许多文具。一个书包48元、一支圆珠笔3.50元、一个日记本3元、一支铅笔1.20元、一个文具盒15元、一个橡皮1.15元、一个三角板1.5元。

大家仔细看看，你能把这些标价中的数分成两类吗？谁愿意来分类？这组数不是整数(3.50、1.20、1.15、1.5)，它们也有自己的名称，叫小数。今天这节课，我们就来学习关于小数的初步认识(板书：认识小数)。

二、探究新知(20分钟)

(一)读小数

师：小数点在小数中就读作“点”，你会读三角板的标价吗？(指定几个学生读)

师:这个小数与其他的有什么不一样?

生:这个小数小数点的后面只有一个数字,而其他的都有两个。

师:观察得真仔细,这样的数它的小数部分只有一个数字的叫一位小数,有两个数字的叫两位小数。

师:刚才我们念了一位小数,大家会念这些两位小数吗?

(先让学生自己试试,再由老师总结读小数的方法:整数部分可按照整数的读法读,而小数部分要依次读出每个数位上的数字)

师:再请几个同学试着读读。(如有读错的加以纠正)

(二)写小数

师:我们已经会读小数了,该怎样写小数?写小数与读小数的顺序是一样的,先写整数部分,再写小数点,最后写小数部分(以橡皮的价格为例,老师一边说写法,一边在黑板上示范)。

师:同学们学会了吗?好,请同学们在自己的练习纸上写一写其他几样文具的价格(学生自由练习写,教师巡视)。

(三)巩固以元为单位的小数的实际含义

师:同学们会写小数了吗?我们来练习一下,请同学们把书翻到第××页,中间有张表格,请同学们轻声读表中食品的标价,然后完成这张表格,填写食品对应的数字,分别表示几元几角几分(填完后指定学生回答)。

(四)寻找生活中的小数

师:你还在哪里见到过小数?

生1:自动铅笔上标有0.5毫米的字样。

生2:饮料包装上也有。

生3:书的背面有标价,也是小数。

师:同学们都观察得好仔细呀。老师也找了几个,大家瞧瞧(人体的体温36.5℃,老师身高1.60米)。

三、巩固练习

8.64元=8(　)6(　)4(　)

四、课堂小结

这节课你有什么收获?

五、布置作业

PPT上呈现必做题和选做题

板书设计：

认识小数

元　角　分

3.50 元

0.20 元

整数部分 小数点 小数部分

……

课后练习

请学生撰写一份符合自己专业特点的教案（注意授课对象）。

第三节　策划书

课程导入

小张刚刚进入公司就接到了一个任务。公司要举办一个健跑活动，需要小张完成一个策划书。小张设计了一个策划书。

×××公司健跑活动方案

一、活动目的

本活动旨在培养员工坚持不懈、团结互助的精神，增强团队的凝聚力，将×××公司健跑活动做成企业文化精品项目。

二、活动对象

×××公司全体员工。

三、活动实施

1. 通过公司××××APP 实施，公司建立企业团队，全员加入，根据组织架构加入部门,备注姓名,具体操作流程见附件1 ××××APP使用方法。

2. 团队健跑:以城市公司为单位进行(集团以部门为单位),团队需统一着装,频次要求1~2次/月,至少10公里/月,每次参与人数不低于城市或部门总人数的80%。

3. 个人健跑:个人自行开展。

要求配速:男6~7.5min/km,女6.8~8.5min/km。

4. 总决赛于5月(具体时间另行通知)在集团总部安排统一比赛,分为7支队伍(集团总部+六大区),每支队伍选出6名参赛队员,共42人。

四、活动规则

1. 不能按规则完成团队健跑的,城市公司或部门负责人第一次缴纳500元"健康活动基金",第二次缴纳1000元"健康活动基金",依此类推,以××××APP中团队数据为准。收缴的"健康活动基金"用于购买奖品。

2. 城市活动奖项

奖项名称	奖项内容	数量	奖品
芝麻开花奖(团队)	团队健跑月度里程数递增最多团队	11	体重秤
百花齐放奖(团队)	人均跑步里程数最多团队	12	运动器材套装
马不停蹄奖(个人)	月度跑步次数最多者	12	专业运动裤

3. 总决赛活动奖项

奖项名称	奖项内容	奖品
×××公司健跑达人	跑完全程即可获得	纪念徽章
领跑者	×××公司健跑总决赛第一名	运动手表
奔走之友奖(团体)	第一名(6人/队)	运动双肩包(每人一份)
	第二名(6人/队)	运动手环(每人一份)
	第三名(6人/队)	运动耳机(每人一份)

五、注意事项

1. 各城市人力资源部门应有防范和应对各种突发事项的方案,准备医疗用品和饮用水等。

2. 活动路线由各城市人力资源部门制定,需避开车流量多以及危险的区域。

3. 活动需设置领队。

4. 及时收集活动素材,如图片、视频等。

注:本活动方案自20××年×月起实行,解释权归集团人力行政中心所有。

×××集团人力行政中心

20××年×月×日

思考:你觉得小张的策划书怎么样?

学习重点:策划书的撰写。

学习难点:策划书的构建思路。

一、策划书的含义

策划书是一种详细的计划,它包括活动的目标、目的、预期结果、实施步骤、时间表、预算等。策划书的写作需要尽可能地考虑所有的情况,以确保活动的顺利进行。简言之,策划书就是为行动谋划方案,由此形成的书面文件便称为策划书或策划案。

近年来,随着市场经济的发展,策划书被广泛地应用于各个领域,某些专业现在已经将策划纳入到专业课中,如"营销策划""广告策划"等。这类文书既包括一般计划文书的基本内容(指导思想、基本情况、目标任务、步骤等)。在此,本书只以活动策划书的写法为例,对其进行简单的介绍。

二、策划的作用

在现代社会,任何成功的活动都离不开高水平的策划。具体地讲,策划书的作用有以下几个。

(一)策划是实践活动的保证

"凡事预则立,不预则废"。预,即预备、准备、策划,策划就是对客观现实进行认识、分析,发挥人的主观能动性的过程。如果策划建立在科学的基础上,就能使人们的主观意志更加符合客观现实,同时也为人们的行动提供行动指南,人们的行动不再是盲目的、杂乱无章的,而是有计划的、有步骤的、有方法的。策划能指引人们的实践活动。

(二)策划可以增强竞争力

在进行策划的过程中,人们需要对事物的发展趋势、条件等进行分析,明确自己的努力方向和目标。人们可以通过优化组合各种有利因素和资源,尽可能地发挥这些因素和资源的效用,从而增强自身的竞争力。

(三)策划可以改善管理

一个好的策划具有改进公司内部管理的作用。策划的过程是发现问题、寻找对策的过程。在这个过程中,行动目标、战略、策略、途径、方法等都被提出,这对加强和改善内部管理具有重要的作用。

三、策划书的种类

策划书可以按不同的标准进行分类,按内容分类,策划书可以分为政治策划、文化策划、军事策划、企业策划等,每种类型又可以分为若干小项,如文化策划可以分为影视策划、图书出版策划、文艺演出策划等。

四、策划书的写法

(一)策划书名称

策划书名称要尽可能地具体,如“20××年×月××大学××活动策划书”,也可以使用正副标题的写法,如以“培训策划书”为正标题,以“20××年×月××公司全体营销人员第三期培训”为副标题。

(二)活动背景

首先,应对策划活动的基本情况(活动目的、活动宗旨、活动主题等)、主要执行对象、人员近期状况、组织部门、活动开展原因、社会影响以及活动目的进行重点阐述。其次,应对活动的开展进行全面的分析(如 SWOT 分析:优势、劣势、机会、威胁),说明环境特征,主要考虑环境的内在优势、弱点、机会以及威胁等因素,将重点放在环境分析的各种因素上,对过去和现在的情况进行详细的描述,并预测可能发生的情况,制订计划,这样能够客观、准确地分析现实情况。

(三)活动目的和活动目标

活动目的决定了活动的方向。人们在描述活动目的时,需要简洁明了地描述活动的核心构成,包括活动的主题、内容、形式等。同时,要明确活动的独特之处,如创新的策划方式、独特的活动主题等。此外,还需要明确活动的经济效益、社会效益。活动目标要具体化,这意味着每一个目标都应该明确、可衡量、可达成、相关性强并有明确的时间限制。这样的目标可以帮助团队更好地理解活动,更有效地分配资源,并以更有成效的方式达成目标。

(四)活动开展

在这部分,我们需要详细地阐述我们的方案,包括我们的目标、策略和执行步骤。这部分的内容应该清晰、简洁,内容要尽可能地详尽,列出所有可能的情况和应对措施,避免遗漏任何重要的信息。我们不仅可以使用文字,还可以使用图表、数据等来更直观地展示我们的方案。例如,我们可以利用时间线来展示我们的实施时间表,这样可以更清晰地展示我们的活动进度和活动计划。

此外,我们还需要在这部分详细说明人员的组织和分配,包括每个人的职责和任务,以及他们的工作时间和地点。我们还需要考虑可能出现的问题和突发情况,并提出相应的应对措施。

总的来说,活动开展这部分内容是策划书的核心部分,我们需要尽可能地完善它,以便让读者(无论是客户、合作伙伴还是团队成员)都能充分地理解我们的方案。

在这部分内容里,还可以提供一些参考内容,如会场的布置、接待方式、嘉宾座次、赞助方式、合同协议、媒体支持、校园宣传以及广告制作、主持人的选定、领导讲话、司仪、会场服务、电子背景、灯光音响、摄像、信息联络、技术支持、着装、指挥中心、现场气氛、接送车辆、活动后的清理、合影、餐饮招待、后续联络等。

(五)资源需要

列出活动所需的人力资源、物质资源,包括使用的地方(如教室或活动中心等），还可以将物质资源列为已有资源和稀缺资源。

（六）经费预算

活动的各项费用根据实际情况进行具体、周密的计算，用简单、清晰的表格列出，也可以列出图表。

（七）活动中应注意的问题和细节

在活动的具体执行过程中，环境的变化不可避免地会给方案的执行带来一些不确定因素，因此，当环境变化时，应充分考虑应变措施，意外情况出现的概率是多少，会造成多大损失等。

（八）活动负责人及主要参与者

注明活动负责人、组织者、参与者、嘉宾、单位（如果是小组策划应注明小组名称、负责人）。

五、策划书的写作要求

（一）策划内容要简洁、具体

策划书正文部分是策划实施步骤、程序的说明，既要做到具体、明确，便于操作，又要在表达上力求简单明了，执行者一看就能明白，必要时可适当地利用数字或结合图表来说明。

（二）对活动效果的预期

1. 预期效果。我们需要可信的依据，对策划实行之后的效果进行预测，包括公司的内部效果，如工作效率的提升、员工士气的提升等，以及公司外部的效果，如品牌知名度的提升、市场份额的增加等。我们还需要说清楚这些效果的具体数值和可能性，以便让读者（无论是客户、合作伙伴还是团队成员）能充分地理解我们的方案。

2. 策划活动中可能出现的问题。不论什么策划，都不可能是完美的，对策划中出现的问题，我们不应回避，要在策划书中明确列出策划活动中可能出现的问题,并阐述自己的想法。

3. 可供参考的策划书、文献、案例等。如果能把本公司或其他公司的成功案例,或文献上记载的成功案例拿来作为参考,那么该策划被采纳的可能性就会大大增加。

4. 策划在实施过程中应注意的事项。策划书是以事实为前提而编制的,有许多需要注意的事项,要把这些注意事项做成备忘录,附在策划书后面。

(三)准备备选方案

当有其他备选方案时,要列出其概要。如果策划方案不止一个,还有其他备选方案时(这是科学的态度和做法),在策划书中也应一并说明。对同一个活动主题,在拟定策划书时,可以同时作两个或多个策划书。从实践的角度来看,在对策划书进行审查时,一般会有不同的意见出现,所以事先准备几个可能的替代方案是明智的。有经验的活动策划者会预测审查者可能会提出的疑问,或者先了解审查者后再准备第二方案、第三方案,如果第一方案、第二方案都未通过,还有一套方案来达到目的。总之,应事先准备好备选方案,以提高通过的概率。

(四)突出重点,切忌面面俱到

在作策划的过程中,不要过分求多,目标多,问题也多。当然,对一个善于思考的人来说,就某个问题产生很多的想法是个优点,但如果把过多的想法纳入策划之中,就不合适了。我们要学会把构想浓缩,即使有很好的方案,但它与主题无关,也要放弃。

六、策划书写作应注意的问题

(一)主题要单一

通过 SWOT 分析,我们可以确定最有价值的主题,有效地传达我们的信息,引起目标消费群体的关注。主题应该尽量简洁明了,便于消费者记忆。一个好的主题不仅可以提高消费者的关注度,还可以增强品牌形象,从而提高销售额。

(二)活动要集中

活动的主题是吸引消费者的关键,如果活动过于繁杂,没有明确的主题,很容易让消费者感到混乱,无法理解活动的目的,达不到预期的活动效果。总的来说,活动的规模和数量并不是关键,关键在于要有一个明确的主题,以及与之匹配的活动形式。只有这样,才能有效地吸引消费者的注意。

(三)活动安排

活动安排是决定活动效果的关键因素,必须对活动的时间、方式、地点、人员等情况进行仔细的分析。活动安排应尽量周全,注意外部环境,如天气的影响。

(四)表述要客观

在策划书的写作过程中,我们应该尽量客观,在策划书没有付诸实践前,任何情况都可能出现。

【例文】

20××年××驾校周年庆典暨形象代言人选拔大赛举办方案

第一部分:公关策略

活动主题:同创造 · 齐分享 · 共飞扬

过去的两年是××驾校成长和发展的两年,在这两年中驾校培养了许多学员,感谢××驾校每一位员工的帮助和支持,这一路走来我们共同成长,这是一个成长、蜕变、成熟的过程。××驾校的成功与每一位员工的努力、付出是分不开的。

为了回馈社会、回馈学员,××驾校举办20××年××驾校周年庆典暨形象代言人选拔大赛。

对主题的阐述:

创造:在同一个目标下创造梦想。

分享:在创造中分享,关爱社会,互利共赢,分享成功。

飞扬:在分享中展望,共创飞扬的未来。

活动目标:

庆祝:庆祝××驾校成立两周年,回首两年的历程,汇报两年的成果。

感谢:感谢××驾校全体员工的共同努力,感谢支持和帮助××驾校发展的社会各界朋友。

肯定:对××驾校两年的成就、20××年××驾校所取得的出色成绩给予肯定。

激励:表彰先进、鼓舞士气,构筑梦想、再创佳绩!

加强:进一步加强团队合作精神、内部凝聚力。调动员工积极性,充分感受××驾校的关怀,提高员工的归属感与认同感。

弘扬:弘扬企业价值观、企业文化。展望未来,××驾校将以更卓越的服务赢得学员的信任。

第二部分:活动规划

1. 活动时间:9月27日

2. 活动地点:××驾校训练场地内

参与人员:总人数约300人左右

出席范围(具体人员数量由公司拟定)

特邀嘉宾:政府领导、相关公司员工(根据不同的来宾确定与会人员)

3. 9月27日活动流程:

8:00—9:30	活动气氛渲染、教练车巡游、音响播放喜庆音乐、接待各单位领导(礼仪)
9:30—9:38	主持人开场词,并介绍与会贵宾
9:38—9:48	公司领导致欢迎辞
9:48—9:58	特邀嘉宾致辞
9:58—10:08	观众评委宣誓
10:08—10:10	主持人宣布比赛开始
10:10—17:00	晋级赛、决赛(统计晋级名单)

17:00—17:30　　颁发奖杯、奖金，签订代言合同，活动结束

17:30—17:45　　恭送各单位领导

4. 签到处布置：外场，礼仪小姐引导来宾签到，佩戴胸花、发放礼品，引导来宾进入嘉宾区。

第三部分：设备及后勤保障

1. 人员管理。

前期准备：所有工作人员提前一天开会安排岗位。

现场：活动需要工作人员进行分组，每项工作责任到人，不得擅自离开岗位。

来宾：安排好各单位的领导座位，并放置矿泉水。

2. 现场管理。

设备：提前检查各种设备，保证活动顺利进行。功能区各种设施能正常使用。

突发事件：现场工作人员随时应对突发情况。

人员：所有工作人员要统一听从安排，不得擅自离岗，在特定的休息室内休息。

课后练习

请你为毕业班的联谊活动做一个切实可行的策划书，要求项目齐全，格式规范。

第四节　实习报告

课程导入

药剂学专业的学生王某实习结束后需要完成一份实习报告，总结自己实习

期间的表现以及实习期间的学习和成长。

思考:我们该如何撰写实习报告?

学习重点:实习报告的撰写。

学习难点:实习报告资料的汇总和实习总结。

一、实习报告的概念

实习报告是指大学生以所学专业知识为基础,以理论联系实际为目的,以需要解决的主要问题为重点,以深入的业务实习为手段,在取得大量资料的基础上,通过分析、研究、提炼而写出来的具有较强针对性的书面报告。学生在实习期间将所学的理论知识应用到实际工作中,在实践中提高工作能力,并为将来走向社会做好准备。在实习报告中,学生要表达自己对某个专业问题的看法、见解和心得体会,同时还需要对自己的专业知识和技能掌握情况进行总结和反思。

学生要在实习之前,做好相关资料的收集工作,有了丰富的资料才能写好实习报告,并从实习第一天开始记录实习过程,如写工作日志等。那么,在实习期间,我们需要收集哪些资料?

(1)在实际工作中认真观察公司制定的方针、政策是如何贯彻执行的。例如,单位组织学习,什么时间学习,学习的内容是什么,采用了什么样的学习方式,学习后的效果如何,自己和同事的思想有没有提高等。

(2)将专业理论转化成工作实践。例如,师范专业的实习生在实习工作中应注意教师在教学过程中是如何灵活运用所学的知识进行实际教学的;多与优秀班主任交流,看看他们是如何处理班级事务的,如何提高学生的学习积极性,如何增强班级凝聚力等。文学专业的学生可以边看边学,在实习中直接将秘书实务、应用文写作等课程中的问题带到实践中去,在工作中检验在校期间的学习成果。

(3)学会处理职场中的人际关系。实习是观察和体验社会生活的一部分,是学生把理论转化为工作技能的过程,所以学生既要体验,也要观察。在实习期间,学生可以观察前辈的处事方式和人际交往方式,以此作为自己行为的参照，尽快适应职场生活。

(4)工作作风。哪些人的工作作风、处事方式值得你学习，哪些人的做法要引以为戒。例如，××非常注重团队合作，总是能够带领我们克服困难，完成任务，他的责任心强，对待工作认真负责。通过观察和学习同事的工作作风和处事方式，我们可以不断地提高自己的工作能力和综合素质，为未来的职业生涯打下坚实的基础。同时，我们也要避免一些不良的工作作风和处事方式，确保自己能够在工作和事业中取得成功。

(5)实习单位的各个部门在发挥职能方面的特点。不同职能部门的工作作风、工作方式、工作态度和履行职能情况是不同的，但它们都为企业的发展和运营做出了重要贡献。通过实习，我们可以更好地了解各个部门的工作情况，为今后的工作积累宝贵的经验。

二、实习报告的特点

1. 自我性

实习报告是学生对自身社会实践进行回顾和总结的文书，它以自身的工作实践为基础，学生通过描述自己在实习过程中的成绩、不足、做法、经验、教训等，展现个人的成长和发展。在撰写实习报告时，我们要写出实习生活和经历，包括实习单位的基本情况、实习岗位的职责和要求等。除了对自己的实习经历进行回顾和总结，我们还可以结合其他人的资料和经验来撰写实习报告，但不能抄袭。

2. 专业性

实习报告注重对专业理论知识的理解和实践操作的心得体会。在实习报告中，学生需要运用所学的专业知识，通过具体的案例和实际操作，展示自己对专业理论的理解程度和掌握程度。不同专业的学生在实习报告中体现出不同的专业特点。例如，对理工科专业的学生来说，实习报告中可能会涉及实验设计、数据处理和分析等方面的知识和技能；而对商科专业的学生来说，实习报告中会更加注重市场营销、财务管理和商业谈判等方面的实践经验。

3. 概括性

实习报告是对实习期间所接触到的各种材料进行总结和概括，包括专业知识、实践操作技能以及职场生活体验等方面的经验和感悟。与流水账式的“实习日记”不同，在撰写实习报告时，学生应该选择具有代表性和典型性的事例，对这些事例进行归纳和总结。

三、实习报告的种类

1. 按实习任务，可以分为课题实习报告、毕业实习报告等。

2. 按实习性质，可以分为综合实习报告、专题实习报告等。

3. 按实习范围，可以分为个人实习报告、小组实习报告等。

四、实习报告的格式

实习报告可以根据专业特点来撰写。例如，对法律专业的学生来说，如果去法院实习，可以将实习期间的全部内容，包括法院工作人员的工作态度、工作方式，法律工作者的政治素质要求、业务素质要求、法律条文的运用，法官的语言表达能力等写进实习报告中。对师范专业的学生来说，实习期间的工作内容会涉及自己已经学过的主要课程，但是在实习过程中有很多东西是在课本中学不到的。例如，如何将专业知识内化并传授给学生，如何进行班级管理，如何处理教学过程中的突发事件，如何与学生相处等。实习报告可以根据实习的具体内容来确定重点描述对象，可以是某一项工作、某一个专题。以文秘中的档案管理为例，可以写单位对工作人员的要求、在工作中可以运用的知识和技能、需要不断提升的工作技能、同事对待档案管理工作的态度和经验等。一般来说，实习报告应该包括以下几个部分：

1. 封面（标题、专业、年级、班级、学号、姓名、指导教师、实习单位、时间）。

2. 目录。

3. 实习内容（实习目的、实习时间、实习单位、实习过程）。（1）将书本里的理论知识转变成实践技能。（2）在实习期间，学生观察和体验工作环境是非常重要的。通过实习，学生可以更深入地了解实习单位各部门的职能和工作内容，帮助学生更好地理解和适应工作环境，并在工作中与不同部门进行有效的沟通和协调。同时，学生也可以从实际问题中学习解决问题的方法和策略，为未来的职业生涯做好准备。

4. 实习总结。实习总结可以按照实习体会和经验来组织全文,学生列举自己在实践中的优势和不足,将实习工作内容串联起来。例如,学生描述自己在实习中的优点,如适应能力强、团队协作意识强、学习能力强等。学生可以举例说明如何运用这些优势解决实际问题,并取得成果,强调事后总结的重要性,以及从实践中吸取经验和教训的能力。反思自己的不足之处,如专业知识不够扎实、沟通能力有待提高等。

5. 导师评语和学校意见。此部分由导师和学校撰写。

五、实习报告写作要求

1. 实习报告中提到的内容必须是自己的实习经历,可以参考其他人的资料和经验来撰写实习报告,但绝对不能抄袭。

2. 实习报告中如有引用或摘录的内容必须要标明出处。参考文献放置在实习报告的最后。

3. 实习报告要语言简练,符合一定的格式要求。

【例文】

幼师实习报告

在去幼儿园实习之前,我对发展心理学的理论知识进行了深入的研究,我意识到幼儿心理发展的每个阶段都有其独特的特点和需求,而作为教育工作者,我们应该根据这些特点和需求来教育孩子。学龄前儿童的自我认知和情绪调节能力正在发展中,他们需要更多的支持和指导,表达自己的感受。我非常期待与幼儿建立良好的关系,帮助他们建立自信心,认识这个世界。

在分配班级的时候,我选择了中班,我发现孩子们的年龄大约在3、4岁。经过观察,我发现中班孩子的行为并没有表现出明显的自主特征。他们可能在某些方面展现出一些自主性,比如在一些简单的任务中表现出独立完成的能力,但从整体来看,他们仍然需要成人的支持和指导。

我所在的中班,一共有43个孩子,有两位带班老师。我记录了孩子们上午的作息时间表:

1. 孩子们到幼儿园后,老师先弹一首曲子(所有的孩子听到音乐后都会安静下来,坐在自己的位置上)。

2. 老师带孩子们到户外做早操。

3. 孩子们回教室听课(孩子们听老师讲故事,老师引导孩子思考,并提出问题)。

4. 孩子们在户外玩游戏(坐滑梯、玩耍)。

5. 吃午饭。

从上午的整个活动来看,孩子们主要以做游戏为主。在我与小朋友的接触过程中,我观察到以下几种现象:

1. 孩子们喜欢唱歌,会拍出比较容易的节奏。

2. 有时孩子之间会有摩擦,但在老师的调解下,他们会向对方道歉,握手言和。

3. 孩子们的情绪变化比较大,不稳定。

4. 在老师讲故事的过程中,孩子们的注意力会慢慢被其他事物吸引,注意力集中的时间较短。

5. 孩子们在表达自己的想法时,经常要用手势、表情,在表达的同时也比较容易害羞。

在我与实习老师的交谈中,我了解到游戏活动对幼儿的重要性。从作息时间表来看,幼儿的活动主要以做游戏为主,其他的活动也是围绕做游戏展开的。在游戏中,孩子们可以自由地表达自己的想法和情感,没有成人的干预和批评,孩子们在轻松、自由的氛围中可以更好地理解、接受自己,发展自我认知的能力。此外,游戏也是孩子们探索世界的重要方式。在游戏中,他们可以通过实际操作来理解抽象的概念,通过角色扮演来体验不同的角色和身份。

埃里克森认为,游戏是一种健康的发泄方式。在游戏中,儿童可以"复活"他们的快乐经验,也能修复自己的精神创伤。对此我深有体会,有的小朋友犯了错,老师说了他几句后就开始哭,但过了一会儿,他在户外玩得很开心,事后也不记得不开心的事。

皮亚杰认为游戏是儿童认识新的复杂客体和事件的方法,是巩固和扩大概念、技能的方法,是使思维和行动结合起来的方法。儿童通过身体运动和摆弄、操作具体事物来进行游戏。孩子们在游戏中学习,在游戏中成长,他们在各种游戏活动中不断地练习各种基本动作,如老师启发孩子们学企鹅用不同的方式走路。游戏能刺激儿童的身体发展，尤其是运动能力和身体协调性。在游戏中，孩子们需要跑跳、爬、投掷等，这些活动往往需要孩子们全身心地投入，这有助于他们的成长。游戏不仅能促进儿童身体的发展，还能培养他们的认知能力、社会交往能力以及情绪管理能力。也许是孩子们的热情感染了我，我也参与了部分游戏，体会到了做游戏的快乐。

我期待在未来的学习和工作中，能够运用心理学的知识，帮助自己更好地理解和处理人际关系，解决工作和生活中的问题。我希望能够有更多的机会去实践，将理论知识转化为实际能力。同时，我也希望有更多的时间去阅读和研究发展心理学，不断提升自己的专业素养和理论水平。我会继续不断地学习和进步，尽快适应社会。在此感谢老师的教导和帮助，我会珍惜实习机会，努力提高自己，为未来的生活和工作做好准备。

课后练习

1. 实习报告的写作要求是什么？
2. 在书写实习报告时，应该遵循什么格式？

第五节　开题报告

课程导入

在撰写毕业论文、课题研究之前，必须先完成开题报告，我们先看看开题报告是什么样的：

开题报告

一、选题背景及意义

1. 选题背景

随着文化研究的深入和文学批评的多元化,对某一文学现象或作家作品进行深入的分析具有重要的学术价值和实践意义。本选题旨在对×××××进行探讨,揭示其背后的文学价值和社会意义。目前,学界虽有×××××的研究,但尚缺乏系统性和深入性。因此,本研究有助于填补这一研究空白,推动文学研究的深入发展。

2. 选题意义

理论意义:本研究将运用文学批评理论和方法,对×××××进行深入的分析,探讨其文学价值和意义。这不仅有助于丰富文学理论,还有助于拓展文学批评的视野和方法。

实践意义:本研究的结果将为读者提供更加深入和全面的解读,帮助他们更好地理解该作品的文化内涵和社会意义。同时,本研究还将为文学创作者提供有益的启示和借鉴。

二、研究现状

国内研究现状:目前,国内学者对×××××的研究主要集中在以下几个方面:……。其中,……较为突出,提出了……。然而,国内研究在××方面还存在不足,如……。因此,本研究将针对这些不足进行深入的探讨。

国外研究现状:国外学者对×××××的研究起步较早,研究范围广泛,涉及……。其中,……较为突出,提出了……。国外研究在××方面有独到之处,如……。本研究将借鉴国外研究的优点,同时结合国内实际情况进行深入的探讨。

三、研究内容及方法

研究内容:本研究将围绕×××××展开深入分析,探讨其文学价值和社会意义。具体研究内容包括:……。本研究将揭示×××××的深层内涵和社会意义。

研究方法:本研究将采用文献研究法、文本分析法、比较研究法等多种研究方法。首先,查阅相关文献和资料,了解×××××的研究现状和发展趋势;其次,运用文本分析法对作品进行深入的分析,探讨其文学价值;最后,运用比较研究法对比不同作品或现象之间的异同点,揭示其共性和特性。

四、预期成果

预期成果:本研究预期将得出以下成果,……。这些成果将有助于推动文学研究的深入发展,并为读者提供更加深入和全面的解读。

思考:该如何撰写开题报告?

学习重点:开题报告的书写格式。

学习难点:开题报告的撰写。

一、开题报告的概念

开题报告是科研工作的重要环节,它的主要目的是向评审专家和相关人员阐述研究课题的背景、意义、目标、内容和方法等方面的情况,以便获得他们的支持和指导。开题报告一般为表格式,把报告的每一项内容转换成相应的栏目,这样既可以避免遗漏内容,又便于评审者浏览。

开题报告的内容一般包括课题、毕业论文选题的目的与意义、国内外研究现状、研究目标、研究内容、研究方法、研究过程、拟解决的关键问题及创新点、仪器设备、协作单位及分工、课题负责人、人员配置、起止时间、报告提纲等。

二、开题报告的作用

(一)保障研究按计划、步骤顺利完成

研究者通过撰写开题报告可以明确研究目标和研究问题,为后续的研究工作做好铺垫,促进他们深入地思考,完善研究设计,并与相关人员进行有效的沟通。

(二)有利于衡量研究的进度

开题报告的撰写过程也是研究者思考和梳理研究内容的过程。研究者需要在报告中不断地修正和完善自己的研究思路,明确研究的边界和限制条件,以及解决可能出现的问题。因此,开题报告也可以说是衡量研究进度。

(三)有助于听取专家的意见和建议

研究者以开题报告的形式向专家展示研究课题,并听取他们的意见、建议。专家通常具有丰富的学术经验和专业知识,他们可以提供相关的研究方向、研究方法、数据分析等方面的意见。在听取专家的意见后,研究者可以获得新的研究思路和灵感,从而开阔自己的研究视野。

三、开题报告的写作要点

在开题报告中一定要让人明白三个问题:此选题是什么,为什么要写这个选题以及如何论述选题。也就是写什么、为什么写和如何写的问题。

1. 写什么

文献综述是开题报告中非常重要的内容。文献综述是对已有文献资料的系统性回顾和总结,旨在帮助研究者了解选题在国内外的研究情况,评估研究的必要性和可行性,并为研究问题的选择提供依据。研究者可以整理出研究选题的理论背景和研究现状,明确自己的研究目标和意义。同时,文献综述还可以为后续的研究方法设计和数据分析提供指导。

2. 为什么写

在开题报告中,除了综述已有的文献和研究现状外,还需要说明选题的意义。选题的意义可以从理论和实际两个方面来阐述。

从理论上讲,选题的意义可以是填补某个研究领域的理论空白、解决已有研究中存在的问题、提出新的理论观点或模型等。研究者通过深入分析已有文献和研究现状,找出现有研究中存在的不足和问题,并提出自己的研究假设或研究问题。

从实践上讲,选题的意义可以是解决实际问题、改进现有方法或技术、提供决策依据等。通过明确选题的实际价值,研究者更加关注研究的社会意义和应用前景,提高研究的实用性和可操作性。

3. 如何写

在开题报告中,研究者阐述清楚解决问题的大致思路和方法是非常重要的。研究者选择合适的研究方法和详细描述研究的设计过程,向评审专家展示自己的研究能力和科学素养,增加研究的可信度和说服力。

四、开题报告的结构

开题报告的结构一般包括题目、立论依据(包括毕业论文选题的目的与意义、国内外研究现状)、研究方案(包括研究目标、研究内容、研究方法、研究过程,拟解决的关键问题以及创新点)、条件分析(包括仪器设备、协作单位以及分工、人员配置)等。

1. 题目

题目是整篇论文的核心,它需要高度概括整个开题报告的中心思想和研究内容,要准确、规范、简洁。一个好的题目应该能够反映出研究的深度、广度和性质,遣词造句要科学、准确、规范。一个优秀的题目能够引起读者的兴趣,为整篇论文奠定基础。论文的题目一般不超过 20 个汉字。

2. 立论依据

(1) 选题的目的与意义。它是开题报告的重要组成部分,回答为什么要研究该课题,以及研究的价值和意义等问题。选题的目的与意义应该从实际问题出发,指出存在的问题或需求,并说明解决这些问题或满足这些需求的重要性。

(2)国内外研究现状,就是开题报告中的文献综述。所谓的"综"就是综合整理,综合在一定时期内某一学科领域的研究概况。"述"更多的是评述与述评,是作者对这一问题发表的观点和看法。综述要注重分析,善于发现问题,突出选题在当前研究中的地位、优势以及突破点。

3. 研究方案

(1)研究方法。一般来说,研究者运用比较广泛的是文献法、调查法、实验法、比较分析法、行动研究法、访谈法等。研究者在介绍论文的研究方法时,主要是介绍研究方法的使用,如问卷调查法,要阐述清楚问卷是自制的还是使用别人的。我们在研究方法的使用上,要提炼 1~2 种研究方法,侧重研究就可以了。

(2)研究价值。课题的研究价值一般包括三方面内容:

①课题研究的创新点体现在哪里。

②课题研究的理论意义。

③课题研究成果的应用价值。

(3)研究的过程。确保整个课题研究的连贯性并达成目标。同时,还要根据实际进展和出现的问题及时调整计划,确保研究能够按部就班地进行下去。在每个阶段结束时,要对研究结果进行总结和评估,以便为下一阶段的研究提供参考和指导。此外,还要明确各个阶段之间的联系,确保整个课题的研究能够顺利进行并达到预期的目标。阶段分工要明确,在各个阶段具体由谁负责、由谁处理相关事项。

(4)拟解决的关键问题。也就是预测在研究过程中可能遇到的最主要的关键性问题,做出准确、科学的估计和判断,并采取可行的解决方法和措施。

4. 条件分析

研究者还需要考虑研究中所需的物质条件和人力资源。仪器设备、场所等物质条件以及全体研究人员的知识结构、研究专业和方向、密切合作程度对研究至关重要。

5. 参考文献

参考文献格式要规范,参考文献的顺序是论文作者、论文题目、出版社或刊物名称、大写英文字母标明刊物类型、出版日期。

五、开题报告写作的注意事项

(一)题目要准确

题目就是开题报告的"眼睛",是对研究内容的高度概括,是整篇论文的研讨中心。题目一般不使用公文式的标题,要体现研究的重点,体现出研究的问题以及要解决的问题。另外,论文题目要新颖、简洁,最好不超过 20 个字。

(二)框架要完整

开题报告的框架一般包括以下内容:

1. 选题的理由。

2. 文献综述。

3. 课题研究的意义。

4. 课题研究的理论基础。

5. 课题研究的主要内容。

6. 课题研究的方法。

7. 课题研究的步骤。

8. 论文提纲。

框架搭建好后就需要充实内容了。

(三)主体要充实

1. 选题理由

选题理由就是为什么确定这一选题。首先,要阐明研究课题的优势,如研究者可以阐述团队成员的专业背景和技能,以及团队在该领域取得的研究成果。其次,选题的意义。阐明该选题对前人研究成果的补充或填补,以及对后续研究的代表性或典型性的建议或观点。研究者可以回顾相关领域的前沿研究和已有成果,分析现有研究的不足之处,并提出自己的研究目标和贡献。再次,选题的时代背景和实现背景是指确定该选题的具体时代条件和现实需求。

2. 文献综述

文献综述在论文写作过程中具有重要的作用,它不仅是对已有研究的总结和评估,也是为论文提供理论支持和实践指导的重要依据。研究者需要系统地梳理研究领域的前沿进展和相关研究,需要从文献中提炼出研究的理论框架和研究空白。研究者要在归纳总结的基础上呈现出自己研究的亮点。

3. 研究的理论基础

研究者要基于自己的研究内容选择研究的理论基础,常用的理论基础有哲学、历史学、社会学以及各类学科的权威性观点和理论。

4. 研究对象

根据选题确定研究对象。研究者要说明研究对象的情况和确定方式。第一,介绍研究对象的来源。第二,介绍研究对象的选取方式。第三,介绍研究对象的年龄、职业等特点。第四,介绍研究对象的人数等,也可根据研究的需要对研究对象进行分类。

（四）内容要精炼

在研究内容中，首先提出研究内容，然后对研究内容进行阐释。研究内容要结合毕业设计（毕业论文或课题研究），因此，在决定研究内容的时候要注意工作量和涉及的内容。工作量一定要够，而且涉及的面不能太散乱。研究者在写研究内容的时候，一定要符合实际，有科学依据，切忌自己凭空想象。

【例文】

“微视频”在高中化学教学中的应用研究

一、选题背景

人们可以随时随地通过手机、平板电脑等设备获取各种信息。新闻应用程序、社交媒体平台、在线阅读器等应用软件提供了丰富的内容和实时信息，人们能够及时地了解全球各地的新闻、时事、娱乐和其他领域的动态。与此同时，一种新的学习方式正逐渐流行——微学习。

研究者认为，微视频作为微课的核心组成部分，应该很好地融合微型学习理论和教学理念。如果微视频只是简单地呈现课堂教学内容，而没有将微学习理论和教学理念融入其中，学生在使用这样的学习资源时可能无法取得良好的效果，造成资源浪费。同时，在开放教育资源运动中，确实有许多免费的优质教育资源可供学习使用。然而，大部分视频课程的教学内容是以章或节为单位，教学任务繁重且内容繁杂，难以满足学生的个性化学习需求。因此，本课题想在课程已有教学视频的基础上，融合微型学习理论，对教学视频进行再设计或再录制，以此来满足学生不同的学习需求，更好地支持学生的课内、课外自主学习，提升学习效果。

二、国内外研究现状

1. 国内研究现状

在知网中，笔者以微视频为关键词进行检索（检索时间：2016 年 3 月 22 日），得到文献总量为 533。可见其关注度比较低，文献来源集中在商务、计算机、财经、新闻等报纸杂志上。与此同时，搜狐、优酷、新浪等网站均涉足并力推微视频，有学者将其分为两类，一类是以新浪网、凤凰网为代表的门户派，一类是以优酷、土豆为代表的UGC派。2012年,研究人员开始研究微视频,主要研究微视频资源的研发与运用。2013年之后,研究人员和一线教师对微视频的研究显著增加,将微视频用于中学各个学科的教学、中高职的技能教学、大学院校的部分课程教学、教师培训以及医学领域等。

2. 国外研究现状(略)

三、研究价值

1. 理论价值。

我国的微视频教学刚刚起步,本课题结合新课程改革理念,开发并制作中学化学微视频,并应用于化学课堂教学,探讨微视频辅助教学对学生化学学习的影响。一方面,作为化学教学工作者研究微学习的一个参考;另一方面,也为教学一线的中学化学教师的化学教学工作提供更加方便的工具。

2. 应用价值。

(1)为高中化学教学的进一步改革提供一种新的途径。

(2)本研究可以解决高中生在自主学习过程中出现的问题,有利于他们更好地学习,提高自身素质,取得好成绩并培养他们终身学习的能力。

3. 研究成果可以在一定的范围内进行推广。

四、研究意义

1. 从教学入手,研究微视频,发挥学生的积极主动性,提升教学效果。

2. 有助于完善高中化学课程教学体系,丰富高中化学课堂教学的视频资源。

3. 促进教师角色转变,充分发挥教师的主导作用,同时提升教师的专业素养。

五、理论基础

1. 微型学习理论

微型学习理论是基于新的媒介生态环境应运而生的,也称“微学习”。它是一种利用移动通信技术实现双向互动交流的学习方式,学习者能够在任何时间、任何地点进行学习。具体来讲,微学习是一种以多媒体、跨平台、小容量的网络微内容为学习单元的个人学习方式。

2. 混合式学习理论

混合式学习是一种有效的教育模式,它能够充分利用现代技术,实现教育资源的共享和互动,提高学生的学习效果和教师的教学效率。混合式学习的优势在于它能够充分利用现代技术,实现教育资源的共享和互动。通过在线教学平台,学生可以随时随地进行学习,不受时间和地点的限制。同时,面对面的教学也能够让学生更好地理解和掌握知识。

3. 建构主义学习理论

建构主义学习理论认为,学习是一个意义建构的过程,是学习者通过新旧经验相互作用而形成、丰富和调整自己认知结构的过程。建构主义学习理论强调学习者在学习过程中的主体地位和意义建构的重要性。这一理论强调学习者在学习过程中的主体地位,认为学习不是由教师向学生的单方面的知识传递,而是学生自己建构的过程,知识不是通过教师传授得到的,而是学习者在一定情境,即社会文化背景下,借助他人的帮助,利用必要的学习资料,通过意义建构的方法而获得的。

六、研究内容

本课题将研究如何开发微视频教学资源,并将研究视频资源和化学课堂有机地结合起来,将教学理论与现代教学技术相结合,促进化学学科进行有效教学,具体研究内容可以分为以下几个部分:

1. 对微视频资源的相关概念进行解释,并对微视频资源在基础教育中的作用进行理论分析。

2. 调查本区化学课堂教学中的视频资源应用现状,分析其中存在的问题,对本文的具体研究内容进行指导。

3. 研究如何从各种视频资源中提取微视频教学资源,对化学微视频资源的获取途径、筛选策略及加工处理进行详细的分析,总结出一套化学微视频教学资源的开发途径。

4. 分析微视频资源在化学课堂教学中的具体作用,对微视频资源在化学教学中的应用提出具体有效的建议。进行个案设计,并分析微视频资源在具体教学中的效果。

5. 运用教学案例进行实践教学,调查分析微视频资源辅助化学教学对学生的影响。

(一)研究视角

1. 高中生在化学课上与课后学习的现状及分析。

2. “微视频”的设计。资料型微视频 、课堂即兴型微视频 、情节型微视频、专题型微视频。

3."微视频"的应用。课堂引入、课内穿插、课外补充、实验课。

(二)研究途径

第一,分析国内外微视频辅助教学的现状及发展趋势,并在此基础上制定本课题研究的重点以及方法,确定目标。

第二,设计学生调查问卷,对学生信息技术能力进行摸底统计。

第三,教师进行技术学习,利用信息化设备进行微视频的制作与开发,同时在课堂中应用,有助于提高教学效果、实现个性化教学、拓展课堂教学、促进师生互动和提高教师自身素质,这对推动教育信息化发展具有积极的意义。

第四,开展实验研究,总结"微视频"课堂实施应具备的条件、学生自主学习的任务单,形成微视频辅助教学模式。

(三)研究目的

1.符合新课程改革的标准

新课程标准的实施标志着这次课程改革,旨在从根本上改变学生的学习方式。具体而言,这次改革旨在实现三个转变:从他主学习转变为自主学习,从接受学习转变为探究学习,以及从个体学习转变为合作学习。在这些转变中,最重要的途径是努力实现"变他主学习为自主学习"。只有当学生能够进行自主学习时,他们才能进一步进行真正意义上的合作学习和探究学习。

2.满足学生的需求

要认识到高中生渴望发展的需求和欲望,并通过正确的引导和培养,帮助他们树立正确的学习方式和习惯,提高自主学习能力,从而实现个人发展和成长的目标。

3.满足教师的需求

要改变传统教育观念带来的弊端,教师需要转变教育观念,关注学生的心理需求,倡导合作学习和探究学习,强调学法的重要性,提供多样化的学习资源和机会,并建立良好的师生关系。这样才能激发学生的学习兴趣和动力,提高教学质量,实现教师的专业成长和个人发展。

(四)主要观点

1."微视频"给化学课堂教学提供了多样化的资源 ,同时突出学生的主体地位,激发学生的学习兴趣,为师生提供更多立体式的对话机会。

2."微视频"的应用可以转变高中化学老师教学方式,转变学生的学习方式。

（五）本课题创新点

1.“微视频”学习平台的区域优质资源共建共享。

2. 在信息化教学变革情境下研究教师专业素养。

3.“微视频”的制作与使用，重视从观察的经验向抽象的经验转化，制作的过程也蕴含着设计的过程，对农村普通高中生学习能力和综合素质的培养有独特的作用。

七、研究方法

1. 在教学实践中，访谈法可以帮助教师了解学生的需求、兴趣和态度，从而为教学改革提供依据。在本课题中，我们将采用访谈法对学生进行多次访谈，了解他们对应用微视频资源辅助教学的想法和意见。

2. 文献研究法。在研究过程中，我们通过网络搜集大量相关文献，并归纳总结现有的研究成果，为课题提供了可靠的理论依据。

3. 经验总结法。我们对 3 年教学实践活动中的具体情况进行分析，可以发掘微视频资源在教学中的潜力和价值。教师应关注微视频资源的获取和选择，充分发挥其在教学中的作用，提高教学质量和学生的学习效果。

4. 问卷调查法。本文采用问卷调查的方式，对本区的教师的信息化教学资源的使用情况进行调查，分析当前的视频资源教学问题，提出相关办法。

八、组织保障

1. 成员能力的保证：团队协作能力强、富于创新精神。

2. 时间和地点的保证：在市教委、区教委以及我校领导、教科室的帮助下，可以及时解决实际中的困难。

3. 经费保障：（略）

4. 资料和设备。充分利用区图书馆、校图书馆。充分利用学校电脑教室、多媒体教室、电子备课室、电子阅览室。我们的学校提供了丰富的信息技术资源，师生们可以充分利用这些资源来提高学习和教学效果。

5. 利用网络等多媒体手段进行信息收集和整理。利用各种在线资源，如学术数据库、电子图书馆、论文数据库等，来获取最新的研究成果和知识。及时了解最新的研究成果，从而不断汲取经验，及时调整和完善我们的课题研究。

6. 不同研究阶段的任务。调研（问卷调查、分析、整理）、制定相应计划、学法指导、师生体验、反思调试、构建模式、收集数据以及进行效果分析并形成报告。在每个阶段结束时，都需要对结果进行新一轮的验证。数据分析阶段结束时,可以比较不同数据源的结果来验证假设。在撰写研究报告时,也需要通过同行评审来验证研究的质量和完整性。

7. 积极组织、参加各类培训研讨班,不断提高教师的专业水平和理论水平,将理论成果有效地落实在课堂教学中。

8. 课题组成员认真完成研究笔记,及时总结、反思,上好研讨课,及时评课,以活动促提高研究能力。

9. 建立档案,重视过程性资料的收集。实行例会制度,通过例会汇报研究进程及成果、问题,促进研究工作的开展。

课题实施阶段

主要阶段	主要任务	人员分工
申请阶段	1. 成立课题领导小组,制定研究方案;组建课题组 2. 听取专家意见,专家对课题组成员进行理论、专业方面的指导 3. 填写课题申请表	略
开题	撰写开题报告、召开会议、开始课题研究	略
实施阶段	1. 问卷调查,统计数据、得出初步结论 2. 资料搜集、分析、整理 3. 在教学中实施研究成果,并请本教研组的成员协同研究,并做好阶段性总结报告 4. 展开探索性研究,初步概括,提炼出有效的策略,并做好记录和总结工作 5. 查找问题。邀请领导、专家指导,概括、提炼出策略,做好记录工作(中期总结) 6. 进一步实施、完善策略,利用多渠道、多种途径、多种方式来反馈策略实施的成效,发现并努力解决存在的问题	全体成员集体实践研究
结题阶段	1. 撰写课题研究报告 2. 整理相关资料、编辑论文集 3. 召开结题会	略

课题预期成果

	序号	研究阶段（起止时间）	阶段成果名称	成果形式	负责人
主要阶段性成果	1	2016.9—2017.12	高一问卷设计统计	调查报告	×××
	2	2016.9—2017.12	高二问卷设计统计	调查报告	×××
	3	2016.9—2017.12	高三问卷设计统计	调查报告	×××
	4	2016.9—2019.12	微视频辅助教学设计	教学设计	全体课题组成员
	5	2016.9—2019.12	微视频辅助教学应用	视频	全体课题组成员
	6	2017.9—2019.12	阶段相关论文	论文	全体课题组成员
最终研究成果	序号	完成时间	最终成果名称	成果形式	负责人
	1	2020.6	《微视频在高中化学××××××》结题报告	报告	××××××
	2	2020.6	《微视频在高中化学教学中的应用研究》	论文集	××××××
	3	2020.6	《微视频在高中化学教学中的应用研究》视频	微视频集	全体课题组成员

经费分配：略

课后练习

开题报告有哪些内容？

第六节 毕业论文

课程导入

大学毕业论文是大学学习阶段的一个重要环节,它不仅能帮助我们巩固所学知识,提高专业素养,还能培养我们的综合素质,为我们的未来奠定坚实的基础。因此,我们要认真地对待毕业论文的撰写,努力做到精益求精,为自己的大学生涯画上一个圆满的句号。

思考:我们该如何撰写毕业论文?

学习重点:毕业论文提纲的撰写。

学习难点:毕业论文题目的确定,毕业论文的撰写思路。

一、毕业论文的概念

毕业论文是学生在大学阶段完成的具有重要学术价值的论文,它是学生对自己所学专业知识的综合运用和实践,是培养学生独立思考能力和创新能力的重要途径,也是展示学生学术成果的重要载体。因此,学生应该认真对待毕业论文的撰写,努力提高自己的学术水平和综合素质。

二、毕业论文的作用

1. 撰写毕业论文是大学生在毕业前必须完成的一项重要任务,它是对学生在校学习成果的综合检验,也是提高教学质量的重要环节。通过撰写毕业论文,学生可以综合运用所学的专业知识和技能,解决实际问题,展示自己的独立思考和创新能力。在撰写论文的过程中,学生需要对所学的专业知识进行系统的梳理和整合,形成自己的观点和见解。这有助于学生更好地理解和掌握所学知识，为今后的学术研究和职业发展奠定基础。

2. 毕业论文的撰写对提高毕业生的写作水平具有重要的作用。首先，通过撰写毕业论文，学生可以锻炼自己的写作能力，包括语言表达、逻辑思维和结构组织等方面。在撰写论文的过程中，学生需要准确、清晰地表达自己的观点和见解，合理组织文章结构，使论文内容条理清晰、逻辑严密。毕业论文的撰写要求学生进行大量的文献查阅和资料收集，这有助于学生积累写作素材和拓宽知识面。在撰写论文的过程中，学生需要对研究的课题进行深入的研究和分析，这有助于提高学生的综合分析能力和解决问题能力。

三、毕业论文的特点

毕业论文作为一种理论性极强的议论文，首先要具备议论文的一般特点，如明确的主题、严密的结构和有力的论据等。同时，毕业论文作为一种学术论文，还应该具备学术性、科学性和创见性。

（一）学术性

学术性是毕业论文的基本特点，体现在内容选题、研究方法、结构安排、语言表达等方面。只有具备高度的学术性，毕业论文才能体现出其本质特征，为学术界提供有价值的研究成果。毕业论文在主旨、材料、结构、语言表达等方面都要符合专业学科的特点，必须符合教学计划大纲规定的专业知识、考核环节和目标要求，必须反映学术成果、传递学术信息。毕业论文要求能够反应学术成果，传递学术信息。学生在撰写论文时，应充分展示自己对专业学科的理解和掌握，对相关领域的研究动态和问题进行深入分析，提出有价值的观点和建议，为学术界提供有益的参考。

（二）科学性

毕业论文的科学性要求它是科学的，符合客观规律的，有事实和理论根据的。毕业论文的科学性体现在两个方面：一是要求立论的观点正确。二是每一个观点的提出，每一条材料的使用都应当是经得起推敲的，这样才能确切地揭示出客观事物的发展规律，才能对生产实践起到指导和推进的作用。

(三)创见性

创见性是学术论文的价值所在,如果没有创见性就不能称之为学术论文。从这个意义上说,创见性是学术论文的核心,是学术论文的生命。

学术研究本身就是一项探索研究的活动,因此,创见性就是学术论文的生命。学术论文的创见性表现在提出前人从未提出过的新观点、新理论、新成果,或发现那些尚未被人认识或证实的客观规律上。

四、毕业论文的种类

毕业论文是学术论文的一种,由于毕业论文本身的内容和性质、研究领域、对象、方法、表现方式不同,因此,毕业论文有不同的分类方法。

按毕业论文的内容性质和研究方法的不同,可以把毕业论文分为理论性论文、实验性论文、描述性论文和设计性论文。

按议论的性质不同,可以把毕业论文分为立论文和驳论文。

按研究问题的大小不同,可以把毕业论文分为宏观论文和微观论文。

另外,还有一种综合的分类方法,即把毕业论文分为专题型、论辩型、综述型和综合型。

还可以根据研究的侧重点,分为基础研究型论文和应用型研究论文等。

五、毕业论文的写作步骤

毕业论文是完成高等教育学业的最后一个环节,就文体而言,它是对某一专业领域的现实问题或理论问题进行科学研究的论说文。毕业论文的撰写可以分两个步骤,即选题阶段和研究课题阶段。

选题是论文撰写的关键。选题是毕业论文撰写的第一步,也就是确定"写什么",确定研究的方向。毕业论文的选题可以是学生选择自己感兴趣的课题,也可以在院校公布的指定课题中选择课题,或者找指导教师帮忙,结合研究方向来确定选题。无论是哪一种方式,我们都要选择有科学价值和现实意义的、切实可行的课题。毕业论文的选题必须以促进科学事业发展和解决现实问题为出发点和落脚点。一项毫无意义的研究,即使花费再大的精力,表达再完善,也没有任何价值。

六、毕业论文的结构

毕业论文的写作要求严格遵循格式和内容上的规范，旨在培养学生的综合能力和科研素养。学生在撰写毕业论文时，应认真对待，努力提高自己的学术水平和写作能力，以期完成一篇高质量的毕业论文。一般来说，毕业论文应由标题、目录、内容提要、关键词、正文、结论、参考文献和附录等构成。

（一）标题

标题是文章的眉目。标题要体现作者的写作意图、文章的主旨。毕业论文的标题一般分为总标题、副标题、分标题。

1. 总标题

总标题是文章总体内容的体现。常见的写法有：

（1）揭示课题实质的标题。这种形式的标题，高度概括论文的内容，往往就是文章的中心论点，具有高度的明确性，便于读者把握全文内容的核心。

（2）提问式标题。这类标题通常以设问句的方式，隐去要回答的内容，实际上作者的观点十分明确，只不过语意婉转，需要读者进行思考。这种形式的标题因其观点含蓄，不容易引起读者的兴趣。

（3）交代论文的内容范围。这类标题看不出作者的观点，只是对文章内容的范围做出限定。拟定这种标题，一方面是文章的主要论点难以用一句简短的话来概括。另一方面，交代文章内容的范围，可引起读者的注意，引起共鸣。这种类型的标题是比较普遍的。

（4）判定句式标题。这种形式的标题是对全文内容的限定，具有很大的灵活性。文章研究对象是具体的，但引申的思想又有很强的概括性。这种从小处着眼，大处着手的标题，有利于科学思维和科学研究的拓展。

2. 副标题和分标题

为了点明论文的研究对象、研究内容、研究目的，我们需要对总标题进行补充、解说，有的论文还可以加副标题。凡是一些有待商榷、不好定义的论文，一般都需要设置副标题，如在总标题下方，添上“与××商榷”之类的副标题。另外，为了强调论文研究的某个方面，也可以加副标题。

为了清楚地显示文章的层次还可以设置分标题。分标题有的用文字把本层次的中心内容概括出来；有的用数码，仅标明"一、二、三"等的顺序，起到一个承上启下的作用。需要注意的是，无论采用哪种形式，都要紧扣所属层次的内容，以及上下文的联系性。

（二）目录

一般来说，篇幅较长的毕业论文，都设有分标题，这种论文的内容层次比较多，理论体系比较庞杂。设置目录的作用：

1. 读者能够在阅读该论文之前对全文的内容、结构有一个大概的了解，对论文的观点或见解有一个认识，以便决定是否阅读，是精读还是略读等。

2. 方便读者选读论文中的某个分论点。长篇论文除了中心论点外，还有许多分论点。当读者对某一个分论点感兴趣，需要进一步了解时，就可以先阅读目录，节省时间。

目录一般在论文正文的前面，相当于论文的导读图。目录有一定的编排要求：

1. 准确无误。目录必须与全文的纲目一致，也就是说论文的总标题、分标题与目录一定是一一对应的关系，目录应逐一标注该行目录在正文中的页码。页码标注必须清楚、无误，不能出现目录标注页码与论文页码不符的情况。

2. 完整无遗漏。目录既然是论文的导读图，必然具有完整性，要求文章的各种要素都应在目录中反映出来，包括论文中参考文献及致谢，不得遗漏。

目录有两种基本类型：一种是用文字表示的目录，这种目录比较常见。还有一种是用数码表示的目录，这种目录较少见，一些篇幅较大的论文，为了便于读者阅读，也有采用这种方式的。

（三）内容提要

内容提要，或称内容简介。它是为了方便读者快速了解论文主要内容的文字说明，是全文内容的缩影。在内容提要中，作者需要用最简洁的文字确切地说明全文的主要内容，提出主要论点、揭示论文的研究成果、简要叙述全文的框架结构、采用的方法和手段、得出的结果和结论等。

内容提要一般放置在论文的开头，是正文内容的一部分。

内容提要的目的：

1. 为了使指导老师在未审阅论文全文时，先对文章的主要内容有个大体上的了解，如本论文的研究所取得的主要成果，研究的主要逻辑顺序。

2. 读者通过阅读内容提要，就能大概了解作者研究的问题，假如感兴趣，再进一步阅读全文。有时候，内容提要就是把论文推荐给众多读者的“广告”。因此，在内容提要中应该把论文的主要观点呈现出来，便于读者了解论文的要点。内容提要要求写得简明而又全面。内容提要分为报道性提要和指示性提要。报道性提要主要介绍研究的主要方法、成果以及成果分析等，比较全面。指示性提要只是简要地叙述研究的成果（数据、看法、意见、结论等），不涉及研究手段、方法、过程等。毕业论文一般使用指示性提要。

3. 关键词。关键词是从论文的题名、内容提要和正文中选取出来的，它是对论文的中心内容有实质意义的词。关键词一般是名词或名词性词组，个别情况下也有动词或动词性词组。一篇论文可选取 3~8 个词作为关键词。

4. 正文。正文是论文的核心部分，通常占据论文的大部分篇幅。在这一部分，作者需要详细阐述研究的问题、提出解决方案并展示其研究成果。正文的内容和质量对评估论文的学术价值和实际意义至关重要。一般来说，学术论文主体的内容应包括以下几个方面：(1)提出问题。列出事实根据，即本人通过实际考察所得到的语言、文化、文学、教育、社会、思想等事例或现象。提出的事实依据要客观、真实，必要时要注明出处。(2)分析问题。把前人的相关论述，包括前人的考察方法、考察过程、所得结论等进行理论分析，分析时应将他人的意见、观点与本人的意见、观点进行明确的区分。无论是直接引用，还是间接引用他人的成果，都应该注明出处。(3)解决问题。把事实根据、前人的成果和本人的分析论述有机地结合，注意它们之间的逻辑关系。

5. 结论。结论是毕业论文最终的、总体的结论。也就是说，结论应是整篇论文的结局、是整篇论文的归宿，而不是某一小问题或某一分支问题的结论，更不是正文中各小结的简单重复。结论是该论文最后得出的结论，应当体现作者更深层的认识，是从全篇论文的全部材料出发，经过推理、判断、归纳等逻辑分析过程而得到的新的学术总观念、总见解。结论可使用“结论”字样，精练、准确地阐述自己的创造性工作或新的见解，还可提出需要进一步讨论的问题和建议。结论要求准确、完整、明确、精练。

该部分的写作内容一般应包括以下几个方面：

(1)本文的研究结果说明了什么问题。

(2)对前人有关的看法进行了哪些修正、补充、发展、证实或否定。

(3)本文研究的不足之处或尚未解决的问题,以及解决这些问题的可能性、关键点和方向等。

6. 参考文献。在学术论文后一般应列出参考文献(表),其目的有三个。首先,为了反映出真实的科学依据。其次,为了体现严肃的科学态度,区分自己的观点和别人的观点。最后,为了对前人的创造性劳动成果表示尊重,同时也是为了指明资料出处,便于检索。

毕业论文的撰写应本着严谨、求实的科学态度,凡有引用他人成果之处,均应按论文中所出现的先后次序列于参考文献中,并且只列出正文中以标注形式引用或参考的有关著作和论文。参考文献应按正文中出现的顺序列出直接引用的主要参考文献。参考文献的写作顺序在开题报告中已经写明,这里不再赘述。

7. 致谢。致谢可以放在正文后,体现作者对各方的感谢,如资助和支持的企业、组织或个人;协助完成研究工作的组织和个人,提供便利条件的组织或个人;在研究工作中提出建设性意见的人和提供帮助的人;转载和使用的资料、图片、文献、研究思想和设想的所有者;其他应感谢的组织和人。在毕业论文中,致谢主要是感谢导师和对论文工作有直接贡献以及帮助的人士和单位。

8. 附录。对一些不宜放入正文中、但作为毕业论文又是不可缺少的部分,或有重要参考价值的内容,都可编入毕业论文附录中。例如,问卷调查原件、数据、图表及其说明等。

七、论文排版格式

(一)封面

封面是毕业论文的门面,所以要清晰、简洁、明了。封面应该写明毕业论文字样,字体一般为“宋体”,字号为“二号”。名称下面是论文标题、学院、专业、班级、作者、指导老师,字体为“宋体”,字号为“小二号”,格式居中对齐,有下划线,字体均为黑色。

题目应简洁、明确、概括,字数通常不超过20个字。

（二）版权声明

一般来说，硕士研究生毕业论文与博士研究生毕业论文内均需在正文前附版权声明，独立成页，字体为宋体四号字。本科毕业论文一般不需此项。

（三）摘要和关键词

摘要应高度概括论文内容，语言精练、明确。一篇论文的中文摘要大约在100~200字。“摘要”两字，字体为宋体三号，需要加粗。摘要的正文一般是宋体字，小四号。

关键词要从论文标题或正文中挑选3~5个词语作为关键词，它们是最能表达论文主要内容的词。关键词之间需要用分号或逗号分开。“关键词”三个字需要顶格写，为宋体小四号加粗字体，关键词的正文为宋体小四号不加粗字体。

（四）目录

目录要写出正文一级标题、二级标题、参考文献、附录、致谢等，标明各部分内容所对应的页码。目录两字用宋体三号加粗字体，需要居中。目录中的一级标题、二级标题处用宋体小四号字体，不需要加粗，一般用电脑生成。

（五）主体部分

本科毕业论文通常要求8000字以上，硕士论文要求在3万字以上。

毕业论文的正文包括前言、本论、结论三个部分。

前言，也称引言，是论文的开头部分，主要说明论文写作意图、写作意义、对课题的认识，提出论文的观点等。前言要简明扼要，篇幅不宜过长。

本论是毕业论文的主体部分，作者要运用各种研究方法分析问题，反复论证，这一部分也可以反映出作者的科研能力和学术水平。

结论是毕业论文的收尾部分，是就本论中的分析得出结论的结束语，总结全文，收束全篇。

1. 各级标题与正文。一级标题用宋体三号字，空两个字符，加粗。二级标题用宋体四号字，空两个字符，加粗。三、四级标题用宋体小四号，空两个字符，加粗。正文用宋体小四号，行间距采用1.5倍行距。

2. 正文中的图表。正文中的图表均需编排序号。

（六）注释

在论文写作过程中，有些问题需要在正文之外进行阐述和说明。

注释标题用宋体四号，居中。注释序号用①、②、③等。注释是图书时，可采用格式：作者、书名、出版社、出版日期、版次、页码。注释是刊期时，可采用格式：作者、文章题目、期刊名称、期刊号、页码。

（七）致谢

致谢要简述自己撰写毕业论文的体会，并对指导教师和协助完成论文的有关人员表示谢意。致谢标题用宋体三号加粗，需居中。内容用四号字体，不加粗。

（八）参考文献

参考文献在毕业论文末尾，要列出在论文中参考过的所有专著、论文以及其他资料，所列参考文献可以按文中参考或引证的先后顺序排列，也可以按照音序排列。参考文献内容用宋体五号，英文用 Times New Roman 字体。

1. 专著、论文集、报告、学位论文：

【序号】作者（前 3 名），文献名，标志字母，出版社所在地：出版社，出版年。

2. 期刊论文：

【序号】作者（前 3 名），论文名，标志字母，刊名，出版年，卷（期）：起始页-终止页。

（九）附录

对一些有参考价值又不宜放在正文中的内容，可编入附录中。有时也常将个人简介附于文后，格式和正文相同。

【例文】

××县美丽乡村建设模式及问题研究

选题的根据：

一、选题的意义

（一）理论意义

……

(二)实践意义

……

二、综述国内外有关本选题的研究和自己的见解

(一)国内美丽乡村建设研究综述

……

(二)国外美丽乡村建设研究综述

……

(三)我对问题的见解

主要内容：

一、前言

(一)选题的背景、目的

(二)国内外研究综述

(三)本文研究的思路与方法

二、概念和理论基础

(一)概念

(二)理论基础

三、美丽乡村发展概况——以××县为例

(一)美丽乡村建设的概述

(二)美丽乡村建设的发展现状

(三)美丽乡村发展的前景分析

(四)美丽乡村建设中存在的问题

(五)××县发展美丽乡村的优势和劣势

(六)对××县经济方面的影响

四、对××美丽乡村建设研究存在的不足、对策以及建议

(一)研究中存在的不足

(二)美丽乡村建设对××县其他方面的影响

(三)对美丽乡村发展的建议

结束语

参考文献

致谢

附录

研究方法：(略)

文献研究法：(略)

实地调查法：(略)

完成期限：

1. 20××年 6 月下旬至 7 月上旬：确定选题，收集和认真研读相关文献，撰写开题报告。

……

主要参考文献及资料名称：

……

指导教师意见：

签名：

年 月 日

课后练习

请根据毕业论文的选题要求，结合自己所学的专业，选一个选题，列出写作提纲，为毕业论文做准备。

第六章　宣传评述类文书

第一节　消息

课程导入

什么是消息？如果工作以后，领导需要我们提交一篇关于公司新近情况的报道，我们该怎么办？本章我们要学习宣传评述类应用文的撰写，首先来了解一下各类文种的特点。

思考：我们应该怎样撰写消息？

学习重点：消息的标题形式。

学习难点：消息标题的写作。

一、消息的概念

消息也称新闻。新闻有广义和狭义之分。广义的新闻泛指报刊、广播、电视和网络中使用的新闻文体，如消息、特写、调查报告等。狭义的新闻则专指消息。消息是用简洁的文字迅速、及时地报道有价值的新闻事实的一种文体，它是各种新闻文体中用得最多、最活跃的一种文体，它是新闻报道的主体。

二、消息的特点

（一）用事实说话

消息的任务是报道新闻事实，它主要靠事实材料来说服受众。消息应该以事实为基础，避免空洞的议论和无根据的说法。缺乏具体事实支持的消息往往会误导公众，产生不良影响。

（二）时效性强

消息是一种非常注重时效性的新闻文体，它要求新闻从业者必须快速、及时地搜集、整理和发布新闻信息。这是因为现代社会信息更新速度极快，人们对新闻的需求也日益迫切。因此，如果不能及时、准确地报道新闻事实，就会失去受众的信任和支持。

（三）短小精悍

消息使用尽可能少的文字传递尽可能多的信息，这既符合消息讲究时效性的要求，也迎合了人们接受新闻的习惯，同时也节约了版面，媒体可以在同样的时间内传达更多的信息。

三、消息的分类

可以按照不同的标准对消息进行分类。

1. 根据新闻报道事件的性质来划分，消息可以分为事件性新闻和非事件性新闻。事件性新闻是对新近发生的事件进行的报道，时间性强。非事件性新闻与事件性新闻相对，是对一个阶段持续发展的事态进行报道。

2. 根据报道内容的不同，消息可以分为政治新闻、经济新闻、科技新闻、军事新闻、体育新闻、教育新闻、文艺新闻、社会新闻等。

3. 根据播报的媒体载体，消息可以分为报刊消息、广播消息、电视消息、网络消息等。

四、消息的结构

消息的结构是指作者对新闻材料进行总体安排和布局，简言之，就是怎样组织材料的问题。作者在组织材料时，要符合事物内部的联系和发展规律，更好地阐明事实，表现主体，取得较好的报道效果。消息结构一般由标题、导语、主体、背景和结尾组成。导语和主体是消息的重要组成部分，标题来源于导语和主体，结尾是主体内容的终结，而背景材料无规定的格式，消息内容的丰富性决定了消息结构形式的多样性。国内外新闻记者在长期的新闻事件中摸索出了很多结构方法，最常见的是以下几种。

（一）倒金字塔结构

倒金字塔结构通俗地来说是一种头重脚轻的结构，也就是在篇首放置最重要的材料或事件，然后依照材料的重要性依次安排段落，叙述事件的详细内容或其他相关情况。这种消息的写作结构要求标题凝练，把最精彩、最重要、最新鲜的新闻事实放在最前面，稍次要的放在第二段，再次要的放在第三段……最不重要的事实最后写。具体结构如图 6-1 所示：

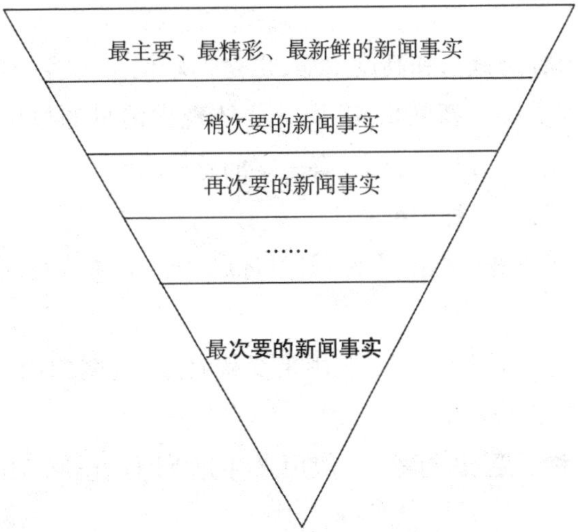

图 6-1　倒金字塔结构

（二）金字塔结构

金字塔结构是指按时间顺序来安排新闻事件，先发生的事件放在前面，后发生的事件放在后面。金字塔结构与倒金字塔结构正好相反，这种结构虽然开头平淡，消息重点也不突出，但是叙事条理清晰，现场感强，符合受众的接受习惯。早期的新闻写作多采用这种结构形式。

（三）倒金字塔和金字塔相结合的结构

这种结构形式通常在第一段使用倒金字塔结构，开门见山，通过标题和导语突出主要事实，然后再按照时间顺序组织材料，给人以完整、具体的感觉。因此，这种结构发挥了倒金字塔和金字塔这两种形式的优点，既能在开头点明事件的重要意义，又能够让人们了解事件的真相。

五、消息的写作格式

消息一般由新闻标题、导语、主体、背景材料、结尾等组成。

（一）标题

标题是消息内容的概括和高度浓缩，也是揭示消息内容的简明文字。一个好的消息标题不仅要符合新闻事实，而且要体现出消息的思想内容。此外，标题还必须有很强的表现力和吸引力，有一定的感染力。

消息的标题通常有三种类型：

一是正题，也叫母题、主题、大标题，是标题的骨干和核心，高度概括消息的中心内容。

二是引题，又称肩题、眉题，一般用来交代背景，说明原因、烘托气氛，解释意义等。引题一般多用作虚题。

三是副题，又称子题、副标题，一般用来补充、注释、说明、印证主题，副题一般多用作实题。

在写消息标题时，可以把这三种类型的标题进行组合，既可以使用单一类型的标题，也可以组合写成复合型标题。需要说明的是，无论采用哪种类型的标题，正题都不是可或缺的。

1. 单一型标题。正题，一般只有一行文字，揭示消息最主要的内容。

2. 复合型标题。

(1)引题+正题(双层标题)。

(2)正题+副题(双层标题)。

(二)导语

导语是消息中特有的，它是消息区别于其他新闻体裁的一个显著特征。导语通常是消息开头的第一句话或第一段话，它用最简明的语言把最基本的、最核心的内容概括出来，向读者提供主要的新闻事实。导语的作用就是为读者的阅读提供方便，顺应读者的阅读心理。记者在采访前、采访中和采访后，头脑中始终在思考一个问题：新闻的核心内容是什么，应该如何恰当地把事实表现出来。当这种思索一旦成型并付诸文字时，最先落实的部分往往就是新闻的开头——导语。导语完成了，新闻标题的拟定和新闻正文的写作也就比较顺畅了。一般在导语的前面还会有电头，如“新华社北京××月×日电”或者“本报讯”的字样。新闻导语的写作强调直接切入主题，但是这并不是说所有的导语都是千篇一律的“开门见山”模式，所以导语也有一些变化。新闻消息导语的写作主要有以下几种类型：

1. 叙述式。这种导语以凝练的语言来叙述主要事件的发生、发展，简明扼要并且直接，这是导语最基本、最常见的写法，是最典型的“开门见山”式写法。这种叙述式导语在“倒金字塔”新闻写作中用得最多。例如，全国第一家由个体户与××合资经营的企业——××××××(合资)有限公司，××××年×月××日正式开业。这一类导语开门见山，一语中的，把最重要的信息首先传递给受众，用词凝练、笔法简约，很少运用感情色彩强烈的词句，满足受众渴望获得信息的需要，是最常用的叙述式导语表现形式。

2. 渲染式。这类导语首先对事件进行概括性陈述，营造背景，然后再报道最新动态。与渲染式导语类似的还有点题式导语、故事式导语、比兴式导语等，它们大都是由“外”及“内”、由“表”及“里”的开头方式，然后把最新鲜的、最重要的新闻内容和盘托出。渲染式导语的写法比较难掌握，运用得当的话，可以为消息锦上添花。

3. 设问式。首先提出问题或者提出疑问，引起受众的关注和兴趣，激发他们继续阅读下文的欲望。

4. 引语式。直接引语用作导语是传统媒介常见的样式。引语的要求：1. 所用引语一定是加引号的严格的直接引语，转述的间接引语等于改编。2. 所用引语应尽量挑选“掷地有声”的“点睛”之语，这样才能起到一语胜千言的效果，否则引语的使用反而会让人觉得不伦不类，弄巧成拙。3. 所用引语应该让读者容易理解，不能让人产生歧义，感到费解。

5. 评论式。评论式是对所报道的事实进行评论，揭示其意义。例如，文物修复不是一般人可以胜任的，从事这项工作，不仅需要扎实的专业技术和理论支撑，还需要认真负责的工作态度，一丝不苟，精益求精的工匠精神，吃苦耐劳，心平气和，耐得住寂寞，不浮躁，不焦虑，不急功近利，不急于求成，这样才能符合工作需要。因此，在观看文物修复时，除了领略“医生”的专业技术，也应该体会到他们身上展现的敬业精神和负责态度，对待工作一丝不苟、持之以恒的意志，十年一剑、精雕细刻的品质，追求完美、拒绝瑕疵的境界。吸收他们身上的这些价值，从而更好地学习、工作和生活。

（三）主体

消息的主体，又称“正文”、“消息躯体”或者“展开部分”，就是导语之后的主要部分。消息主体主要有两个任务：一是解释和深化导语，二是补充导语没有涉及的新闻事实。第一项任务表明，对导语涉及的新闻事实，主体部分必须进一步提供必要的细节和有关材料（包括背景），以便受众能更清楚、更具体地了解新闻事实，这就是所谓的解释和深化。第二项任务表明，导语一般只涉及最重要和最新鲜的事实，而且简明扼要，不能涉及多个有关方面，这就要求主体补充导语尚未涉及而又应当涉及的内容。新闻事件最重要的部分要在消息的主体中突出，要详略得当。我们在安排和组织主体时可以参考以下几种顺序：

1. 按照重要程度的顺序安排。这是倒金字塔的结构方式，它是消息写作中最常用的写法，特别适用于事件性新闻，即动态消息。

2. 按时间顺序安排。根据事情发生的先后来安排消息的相关内容，根据事件进展娓娓道来。它比较适用于内容较为复杂，但是事件线单一的消息，或者是报道在某个时间段内发生的事情，如节日庆典、重大赛事等。

3. 按逻辑顺序安排。根据事物的内在联系和发展来安排材料，不受时间顺序的约束。它比较适用于非事件性的新闻，如经验型消息、综合消息和述评性消息。

(四)背景材料

背景材料一般是介绍知识、补充情况,帮助读者了解消息中涉及的人或事物。记者恰当地使用背景材料能表达自己对新闻事实的看法、观点和意见,并增强消息的知识性和趣味性。消息的背景材料有广义和狭义之分。狭义的新闻背景仅指写作过程中涉及的与新闻人物和事件发生、发展相关的历史、原因、环境、条件等方面的材料。广义的新闻背景,除了狭义的新闻背景中提到的,还包括新闻事件发生、发展的广阔时代背景的介绍。背景材料是为消息的主题服务的,使用背景材料可以突出主题,深化主题,丰富所报道的内容,收到更好的宣传效果。

需要注意的是,不是每个消息都需要背景材料。背景材料在消息中的位置也很灵活,既可独立成段,也可穿插于导语、主体或结尾中。我们可以从背景材料的类型中了解到什么时候该使用它。

1. 对比性材料。它主要通过时间、空间以及事件发展的前后进行对比衬托,以突出新闻事实的意义,阐明主题,表明观点。对比性材料通常有两种情况:纵比,横比。纵比,也就是今昔对比、前后对比。例如,写农民富裕了,收入增加了,可用背景材料突出改革开放前后的不同。横比,即此地和彼地对比、现今与落后对比。例如,同样写资源开发问题,可将东南沿海地区与西部地区的能源开发情况进行对比。

2. 说明性材料。它通常是介绍和交代与新闻事实本身相关的政治背景、地理背景、历史背景、思想状况或物质条件等情况,以此来说明事物产生的各种条件,揭示事物发生、发展或变化的意义。

3. 注释性背景材料。它往往对产品(物品)的性能特点、科技成果、技术性问题、名词术语、文史知识、风俗人情等进行注释和阐释,以此来帮助受众掌握消息内容,增长知识和见闻。

(五)结尾

结尾是消息的最后部分,但是它并不是指一篇消息写完了,还要在正篇报道的末尾另起一段。新闻结尾的方式有很多种:

1. 自然结尾,随着主体的结束而自然结束,要素交代完毕也不需要另起一段增添结尾。

2. 概括结尾,对主体的内容进行概括来结束全篇。

3. 议论结尾,对消息的内容发表自己的看法来收尾。

4. 背景结尾,对相关背景材料进行介绍来结尾。

【例文】

江西森林和湿地生态价值 1.49 万亿元

被誉为中国"最绿省份之一"的江西,绿水青山价值几何?记者 5 月 30 日从省政府新闻办、省林业厅召开的新闻发布会上获悉,我省历时 2 年完成了全省森林和湿地生态系统综合效益总体评估,算出一本详尽的"生态账"——2016 年,全省森林和湿地生态系统综合效益为 14951.34 亿元,其中森林生态系统综合效益为 13510.22 亿元,湿地生态系统综合效益为 1441.12 亿元。

森林和湿地不仅为我们提供了丰富的物质产品,还在净化空气、制造氧气、涵养水源等方面发挥重要作用。这些功能的价值如何判断,又到底值多少钱?国家林业和草原局华东林业调查规划设计院组织专家,分别从物质量和价值量两个方面,对江西森林和湿地生态系统的生态效益、经济效益和社会效益进行了科学的评估。结果显示:2016 年,我省森林和湿地的生态、经济和社会效益分别为 10867 亿元、3145 亿元、938 亿元。其中森林生态效益最为明显,估值达 10096 亿元,主要体现在森林涵养水源、保育土壤、固碳释氧等方面。全省森林年调节水量、净化水质达 631.15 亿立方米,相当于将近两个三峡水库的蓄水量。

为何要给江西的绿水青山"估价"?省林业厅有关负责人介绍,我省现有林地面积 1079.9 万公顷,占国土总面积的 64.69%,森林覆盖率达 63.1%;湿地面积 91.01 万公顷,占国土面积的 5.45%。通过综合效益评估,可以对森林、湿地产品进行准确的价值定位。"用数据说话",可以让社会更加直观地认识森林、湿地生态系统服务功能在全省经济社会发展中的地位和作用,引导全社会牢固树立正确的绿色发展观。同时,全面摸清我省森林、湿地资源的基本底数和潜在效益,为生态保护、绿色产业发展提供更有针对性和指导性的决策依据。

据了解,此次我省发布的森林和湿地生态系统综合评估结果与 2011 年评估结果相比,仅森林的生态效益就增加了 1863.22 亿元,增幅达 23%。

（资料来源：节选自江西省人民政府网站）

课后练习

针对近期学院或者校内的新闻事件，写一则消息。

第二节　简报

课程导入

简报是对工作情况的一个汇报，是职场中常见的一种文体。新员工小李要为单位撰写一篇新闻简报。

思考：我们该如何撰写简报？

学习重点：简报的写作。

学习难点：简报的格式。

一、概念

简报，顾名思义，就是对情况的简要报道，是国家机关、社会团体及企事业单位内部用来反映情况、汇报工作、交流经验、沟通信息的一种内部文件。简报有时也称“动态”“信息”“情况反映”“内部参考”等。

二、简报的作用

1. 汇报工作。编发简报能够及时、准确地让上级机关了解下级部门的情况，作出正确的工作决策和判断。

2. 交流经验。简报可以让平级机关之间互通有无,加强联系,共同合作。

3. 捕捉信息。简报能及时反映机关的工作动态,让下级机关了解上级机关的工作意图。

三、简报的特点

(一)快

"快"是简报最显著的一个特点,它要求迅速、及时地对情况进行汇报。简报作为新闻稿的一种形式,具有时效性,因此需要快速汇集情况、快速成文、快速编制和印发。如果不抢时间反映情况,那么原本的新闻就会变成旧闻,简报也就失去了其价值。

(二)短

"短"指简报的篇幅要短。为了及时传递信息,简报在写法上要开门见山,直奔主题,在内容上要集中、单一。一则简报通常有几百字。

(三)实

"实"指简报反映的情况要客观、真实,不能偏离事实,主观臆断。有关数据、事件的时间、地点、人物、来龙去脉、因果关系等必须真实、准确。对事件的评价也要客观、恰当。

(四)新

"新"是指简报所反映的内容要新鲜、新颖。简报既要反映新动态、新情况、新事件、新信息和新经验,还要阐明新思想、新观点。

四、简报的种类

简报的分类标准不一,种类繁多,这里我们就简要介绍一下比较常见的几种简报:动态简报、工作简报和会议简报。

（一）动态简报

动态简报是对各领域动态情况的反映，是反映各部门、各领域重大问题的处理情况以及工作动态、经验或问题的简报，包括情况动态和思想动态。动态简报的时效性、机密性较强，所以要求编发及时，并且发送范围也有一定的限制，要求在某一个时期、某一阶段保密，如市场动态、学术动态、文化信息等。

（二）工作简报

工作简报也称情况简报，主要反映部门或系统内部各方面的工作情况，如部门是如何贯彻执行国家方针政策、落实上级指示的，部门工作进展情况如何，工作中总结的经验、教训、问题以及先进事迹或错误倾向等。

（三）会议简报

会议简报，即举行会议期间编发的一种临时性的简报，是报道会议进程、反映会议情况、展现会议内容的简报。会议简报主要用于一些大中型会议，一般由主持会议的部门或召集会议秘书处编写。简报内容包括会议的宗旨、会议的参加人员、会议的议事日程、会议的概况、会议研究的问题、会议提出的意见、会议的决定以及会议对一些重要问题的研讨结果等。会议简报可以起到传播会议信息、推动会议议程的作用。

五、简报的格式

简报由报头、报核和报尾组成。

（一）简报的报头

简报的报头在简报首页正文的上方，一般用红色的大号字体印刷，占全页的三分之一，用间隔线与正文隔开。简报的报头包括以下几项内容：

1. 简报的名称。简报的名称写在报头中央，用大号红色的字体。如“工作简报”“××动态”“××信息”等。

2. 简报的期数。简报的期数一般写在简报名称的正下方，阿拉伯数字用圆括号括上，如第(28 期)。

3. 简报的编发单位。简报的编发单位写在报头的左下方，如“××学校办公室”、“××市委组织部”。

4. 简报的编印日期。简报的编印日期通常写在与编印单位平行的右侧，报头的右下方，年、月、日要书写规范、齐全，如“2012 年 5 月 22 日”。

5. 简报的密级。简报的密级写在报头的左上角，如“机密”“绝密”等，也可写上“内部刊物，注意保密”或“绝密文件，注意保存”等字样。

6. 简报的编号。简报的编号写在报头的右上方，按印数编号，如 011012、013 等。

（二）简报的报核

简报的报核在间隔线以下，是简报中的一篇或几篇文章，包括以下几项：

1. 按语。重要内容的简报，一般要加写按语。按语由简报的编发部门编写，是为了引导读者了解编者意图、理解文章意图而写的提示语，如“编者按”“编者的话”，位置在间隔线以下。

常见的按语有三种：

一是说明性按语，一般用来交代简报文章的来源、出处，转发外单位的更要交代清楚转发的出处、原因和目的。

二是指示性按语，一般用来揭示简报文章的中心内容，帮助读者掌握文章的内涵，加深理解。

三是评价性按语，一般是编者对简报文章的评价文字，表明赞成或反对的意见，引导读者明辨是非。

2. 目录。在按语的下方，居中写明“目录”字样。如果简报只有一篇文章，就不需要设置目录。

3. 标题。标题用来简明扼要地概括正文内容，简短、醒目地揭示主题，它类似于新闻标题，可以使用单行标题，也可以使用双行标题。简报稿的标题在目录下面，如果没有按语、目录，则简报的标题就写在间隔线以下的居中位置。

4. 正文。简报正文就是用足够典型的、有说服力的材料，把导语的内容进行具体化的文字，写法类似于新闻，先在开头部分对主要内容进行概括（包括时间、地点、人物、事件、背景等），然后具体叙述文章所反映的情况。正文部分的写作根据简报的不同类型有多种写法，一般有叙述式、概括式、归纳式、摘要式。在写作顺序上，可以按时间顺序、逻辑顺序、思维顺序。在文章结构的安排上，可以选择纵式结构和横式结构,在结尾指明事情的发展趋势,或是提出希望。

5. 署名。简报正文的署名可以是供稿部门的名称,也可以是供稿者的姓名。署名应写在正文的右下方,用圆括号括上。

(三)简报的报尾

简报的报尾在最后一页的下方三分之一处,用间隔线与正文隔开。报尾内容如下:

1. 简报的发送范围。简报的发送范围分别按受文部门不同级别写明“报××、××”“送××、××”“发××、××”,在报尾左边注明。

2. 简报的印发份数。简报的印发份数写在与发送范围平行的右侧。

六、简报写作的注意事项

(一)简明扼要

简报的写作要点在于“简”,简报上刊登的文章一定要篇幅简短,以最简要的文字交代最重要的内容,用有限的篇幅传递最大的信息量。

(二)迅速及时

迅速及时是简报的生命,简报传播越及时,信息的价值就越高。在信息时代,简报在收集信息、整理材料、编写、发送等各个环节都要有强烈的时间观念,要求快写、快审、快编、快印、快发、快报,以便各单位及时沟通、交流信息。

(三)内容新颖

简报在内容上要反映部门工作中出现的各种新情况、新问题,要善于抓住新人、新事、新动向,要有新意,尤其是领导和群众都比较关注的带有一定倾向性、苗头性的事件。

(四)真实可靠

简报最主要的作用是向上级部门反映情况,让下级部门了解工作动态,因此,它所提供的信息既反映出本单位的工作方向、工作状态和工作进程,又直接影响上下级机关或单位对工作状态的判断。因此,简报所反映的内容一定要真实、可靠。

七、选稿要求

简报选稿必须围绕该简报所在机关的职能来确定主要选稿原则,有的放矢。简报编辑要从大量来稿中挑出好的稿子,需要注意以下几点:

1. 要有敏锐的思想。
2. 看问题要有预见性。
3. 判断要准确。
4. 要灵活把握稿件的写作质量。

【例文】

数智创新智慧农业 精准帮扶为民服务

哈尔滨科学技术职业学院驻巴彦县德祥乡太平村工作队积极落实省、市驻村办和校党委的工作精神,精准掌握农户现状,提高帮扶质量,在太平村乡村振兴工作中因地制宜地制定产业发展规划,持续壮大村集体经济。

现正值农作物生长的好时节,也是病虫害防治的关键时期,做好帮扶村中期田间管理极为重要。驻村工作队深入太平村走访调研后了解到部分村民家庭因劳动力短缺、资金有限,不能及时开展农作物抗倒、抗虫的高效科学防治工作,目前全村有2000余亩的耕地仍没有进行病虫害中期防治。

在校党委的支持下,驻村工作队以服务乡村振兴、解决农民实际需求为出发点,以无人机技术作为服务支撑,整合我校办学资源优势,在学校无人机专业教师和学校合作企业的指导下,利用现有的植保无人机协助村民给农作物喷洒农药,探索校企协同助力乡村振兴。

与传统人工喷雾器相比,无人机低空喷洒农药具有速度快、效率高、成本低、喷洒农药均匀等特点,同时能够解决传统人工喷药安全性差、浓度不均匀的问题。

“我有60亩地的苞米,以前靠我自己人工打药要花一天的时间,现在用无人机,不到20分钟就完成了,这个确实给我们解决了大问题”。太平村姜洪伟、崔立爽等村民由衷地感慨道。

哈科职院驻村工作队带领学校无人机师生团队,先后对20多户有困难的村民家庭耕地进行了无人机智能化喷洒,累计喷洒农作物2000余亩,节约人工成本万余元,得到了太平村村民的认可与好评。

(资料来源:节选自哈尔滨科学技术职业学院网站)

课后练习

1. 简报有哪些特点?
2. 针对近期校园里发生的新闻事件,写一则简报。

第三节　广告文案

课程导入

我们每天都在通过各种方式向外界介绍和宣传自己,如社交媒体、个人简历、口头表达、写作等方式。因此,广告词的创造实际上是一种自我推销的手段,只不过它的目的是让其他人更好地了解我们。下面就是某省公安厅在全省各市区推广“城市交通超脑”过程中的宣传短文,具有广告词的特点。

思考:如何写一篇遵守交通秩序的宣传短文?

学习重点:广告文案的创作。

学习难点:广告标题和广告语的创作。

一、广告文案的概念

广告文案的创造需要兼顾两个方面的含义。一方面,它要能够打动消费者,让他们对产品产生兴趣和购买欲望。为此,广告文案需要有吸引人的标题,简洁明了的正文,生动有力的广告词,以及能够引起消费者共鸣的情感元素。另一方面,广告文案也需要具备专业性,能够准确地传达产品的特点和优势,同时避免出现虚假宣传或误导消费者的情况。广告文案的创造需要综合考虑产品特点、目标受众、情感化语言和法律合规等多个方面,既吸引消费者的关注,又传递正确的信息和价值。

二、广告文案的分类

我们可以根据不同的标准,对广告文案进行分类:

根据媒体,可以把广告文案分为报纸广告文案、杂志广告文案、广播广告文案、电视广告文案、网络广告文案、户外移动广告文案、其他媒体广告文案等。

根据文体,可以把广告文案分为记叙文广告文案、议论性广告文案、说明性广告文案、描述性广告文案。

根据内容,可以把广告文案分为生活消费类广告文案、工厂生产类广告文案、消遣娱乐类广告文案、网络信息类广告文案、企业公关类广告文案、社会公益类广告文案。

根据诉求,可以把广告文案分为理性诉求型广告文案、情感诉求型广告文案。

三、广告文案的特点

1. 传播性。撰写广告文案的目的是传播,即将一种商品的信息传递给消费者。

2. 计划性。撰写广告文案不是一种即兴活动,需要有一定的计划,要考虑广告的受众群体、接受方式、广告的投放时机、投放效果等。

3. 连续性。广告文案的连续性对商品的宣传和推广至关重要。单一型广告文案通过频繁的宣传播出，让消费者对产品产生兴趣和好感，并逐渐接受和认可这个商品。而系列广告文案则可以多角度、立体地表现广告主体，让消费者更深入地了解产品的特点和优势，从而形成较大的广告影响力。广告文案的连续性是商品宣传和推广中非常重要的一环。单一型和系列广告文案可以满足不同目标受众的需求，达到更好的宣传效果。系列广告文案的连续性还可以带来其他的好处。例如，它可以让消费者在不同的时间和场合都能看到广告，加深对该商品的印象和记忆。

4. 双向性。广告文案的宣传不仅对广告主有利，也对目标受众有好处。对消费者来说，广告是一种获取信息的途径，可以帮助他们了解新产品、新服务、新品牌和新知识等有用的信息。

四、广告文案的写作内容

广告文案是由标题、正文、广告口号和随文组成的。

（一）广告标题

广告标题是表现广告主题的短文或题目，是对广告文案重要内容的高度概括，往往也是广告的重点内容，它的作用在于传递广告主题信息，吸引人们的注意力，留下印象，引起人们对广告的兴趣。只有当受众对广告标语产生兴趣时，才会阅读正文。广告标语要简明扼要，易懂易记，传递清楚，个性新颖，句子中的文字数量在 12 个字以内为宜。有的广告文案还会有副标题，是广告方案的补充部分，有点睛的作用。

（二）广告正文

广告文案的正文是广告宣传中最核心的部分，它是对产品或服务的具体说明，旨在增加消费者对商品和服务的了解和认识。广告文案的正文是广告宣传中不可或缺的一部分，它需要实事求是、通俗易懂、突出重点、言简意明，以便更好地吸引消费者的关注和注意力，提高广告的宣传效果。

（三）广告口号

广告口号，又称广告语、广告标语，它是为了加强广告受众对广告主体信息的印象,在广告中较长的时间段内反复使用的一句简明扼要的口号性语言。广告口号是广告宣传中的重要元素,它的目的是通过简洁有力的语言,反复刺激观众的神经,让他们对企业精神、商品或服务的特点有更深入的了解和认识。广告口号可以成为推广商品不可或缺的要素,因为它可以在消费者心中留下深刻的印象,激发他们的购买欲望和忠诚度。广告口号的形式包括联想式、比喻式、许诺式、推理式、赞扬式、命令式。广告口号的撰写要简洁明了、语言明确、独创有趣、便于记忆。

广告口号有三种不同的类型:

1. 企业层面的广告,代表整个企业品牌形象和理念。

2. 产品层面的广告,展示某一企业品牌旗下的一个产品的定位和品牌理念。

3. 在企业品牌没有细分的情况下,广告口号既代表企业品牌,也代表产品形象。

好的广告口号必须具备以下特征:

1. 朗朗上口,易读易记。

2. 体现企业的理念、产品定位、独特的卖点等产品信息。

3. 包含敏锐的产品信息。

4. 与品牌名称相关。

(四)广告随文

广告随文是广告中附加部分的文字,如地址、电话、价格等信息。

五、广告文案的写作要求

1. 准确规范,点明主题

准确规范的广告文案可以确保广告信息能清晰地传达给消费者。同时,准确规范的广告文案也能提高广告的专业性和可信度,增强消费者对广告的信任和认可度。

第一,广告文案中的语言表达要规范、完整,没有语法错误。第二,广告文案中所使用的语言要准确无误,避免产生歧义。第三,广告文案的语言要符合人们日常的表达习惯。第四,广告文案中的语言要尽量通俗化,避免使用生僻或者过于专业化的词语。人们总是按照认知最省力的原则去行事,因此,广告文案的写作必须有一个明确的中心点,让目标消费者能够清晰地理解和接受广告信息,让目标消费者看(听)得见、看(听)得懂、看(听)得清楚、看(听)得明白。

2. 简明精练,言简意赅

广告文案的文字要力求简明扼要、精练概括,突出重点,反复推敲,字斟句酌,多角度创造多种文案,把复杂的事情简单化,枯燥的事情生动化,这样才能更好地吸引消费者的注意,提高广告的传播效果。广告文案应该尽量只说一件事,即使不得不说很多事,也要分清主次,突出重点。这样可以让消费者更快地理解和接受广告信息,提高广告的传播效果。广告文案需要经过多次修改和打磨,才能达到最佳的表达效果。创作者需要反复推敲每一个词语和句子,字斟句酌,简洁再简洁,删减再删减,直到达到最佳的表达效果。

3. 生动形象,表明创意

广告文案之所以能够吸引受众的注意,激发受众的兴趣,很大程度上是因为文案内容形象生动。广告文案需要采用生动活泼、新颖独特的语言,使受众产生共鸣和兴趣。创作者可以运用夸张、比喻等手法,让文案更加生动、有趣。广告文案需要与图像相结合,通过图像来展现产品或服务的特点和优势,进一步吸引受众的注意。创作者需要根据产品或服务的特点,选择合适的图像素材,使图像和文案相得益彰。

4. 动听流畅,上口易记

广告文案需要注重语言的美感和流畅度,突出广告定位,表现广告主题和广告创意,引导消费者的消费行为,从而产生良好的广告效果。创作者需要对文案进行多次修改和打磨,反复推敲每一个词语和句子,以达到最佳的表达效果。

【例文】

洞悉国际商情,决策快捷可靠

商贸良机一瞬即逝,必须及时把握。因此,您需要一家能够提供全方位金融服务，了解当地市场情况，并具备丰富经验和专业知识的国际银行来协助您把握商机，规避风险，实现商业成功。

××银行有超过××年的历史，植根于亚洲并在全球范围内拓展业务。我们的全球网络覆盖了××多个国家和地区，我们与世界各地的商贸市场保持着紧密的联系，能够为您提供最新的金融信息和市场动态。

我们配备了先进的信息系统，组成了快捷、可靠的服务网络，能够在关键时刻为您提供周全的服务和精辟独到的专业意见。无论您是在哪个地区开展业务，我们都能够为您提供最适合您的金融解决方案。目前，我们全力为国内客户提供优质贸易服务。

作为您的合作伙伴，我们不仅致力于为您提供优质的服务，还能够帮助您拓展业务并实现商业成功。欲查询详情，请与就近××银行分行或办事处联系。

咨询电话：××××××××

课后练习

1. 广告文案一般有哪些构成要素？
2. 请你为自己最喜欢吃的一款冰淇淋创作一条广告语。

第四节　导游讲解词

课程导入

中国国家博物馆

游客朋友们，大家好，今天由我带大家参观中国国家博物馆。在开始参观前，我先向大家介绍一下中国国家博物馆的概况。

中国国家博物馆是代表国家收藏、研究、展示、阐释中华文化代表性物证的最高历史文化艺术殿堂，负有留存民族集体记忆、传承国家文化基因、促进文明交流互鉴的重要使命，也是国家文化客厅。

中国国家博物馆的前身可追溯至1912年，以蔡元培、鲁迅先生为代表的有识之士奔走推动成立国立历史博物馆筹备处，迈出了典守文物、增进教育的第一步。新中国成立后，中央决定在天安门广场东侧新建中国革命博物馆和中国历史博物馆。2003年2月，中央决定中国历史博物馆和中国革命博物馆合并组建中国国家博物馆，以更好展示中华文化、培育民族精神、引领文博事业发展。中国国家博物馆现有藏品数量143万余件，涵盖古代文物、近现当代文物、艺术品等多种门类，藏品系统完整，历史跨度巨大，材质形态多样，涉及甲骨、青铜器、瓷器、玉器、金银器、钱币、佛造像、古籍善本、碑帖拓本、墓志、玺印、书画、雕塑、漆木家具、砖瓦石刻、珐琅器、玻璃器、丝织品、工艺品、老照片、民族文物、民俗文物、革命文物等等，具有独特鲜明特点，充分展现和见证了中华5000多年文明的血脉绵延与灿烂辉煌。

（资料来源：节选自中国国家博物馆网站）

思考：我们该如何撰写导游讲解词？

学习重点：导游讲解词的创作。

学习难点：导游讲解词的生动性、趣味性。

一、概念及作用

导游讲解词是导游人员引导游客游览观光时，对名山大川、江河湖泊、文物古迹、历史文化等进行介绍的解说文字。导游人员在引导游客游览的过程中，要主动向游客介绍旅游景点的相关情况，包括景点的概况、背景、历史传说等，让游客对游览对象有一个全面、正确的了解。

导游讲解词主要有以下几个作用：

1. 引导游客鉴赏

导游的讲解对游客来说是非常重要的，游客可以通过导游的讲解更好地了解景点的历史、文化和背景知识。导游的讲解可以帮助游客更深入地理解景点的意义和价值,从而更好地欣赏景点的美丽和独特之处。

2. 传播文化知识

导游在游览过程中向游客介绍景点相关的文化知识,不仅可以增加趣味性,还可以向游客传播知识。游客可以更好地理解景点的内涵和意义,更深入地感受当地的文化底蕴和历史积淀。

3. 陶冶游客情操

导游的语言艺术和技巧对游客的游览体验有着至关重要的影响。导游通过抑扬顿挫的语调、声情并茂的讲解,可以使导游讲解词有理、有物、有情、有神,从而给游客勾画出一幅幅立体的图画,形成生动的视觉形象,把旅游者引入一种特定的意境。导游还可以运用修辞手法,如比喻、拟人、夸张等,来加强讲解的表现力和感染力。

二、导游讲解词的特点

导游讲解词有以下几个特点:

1. 知识性

导游讲解词要为游客提供与景点有关的丰富、详实的资料,从多个方面进行生动的讲述,所以一篇优秀的导游讲解词必须具有丰富的内容,旁征博引,融会贯通,引人入胜。

2. 对象性

游客有不同职业、文化水平,要根据不同对象确定解说的重点,要防止错误定位。

3. 趣味性

对导游来说,讲解充满趣味性的同时要注意品位和素质。尽管生动形象、趣味性强的讲解可以增强游客的参与感和体验感,但是不能使用低俗的或不适当的内容,否则会破坏整个旅游团队的形象和声誉。

导游要保证讲解内容文明、健康和积极,避免使用粗俗的语言和低俗的笑话,不得涉及违法、淫秽、暴力等内容。同时,导游还应该关注游客的文化背景和接受程度,避免使用可能引起不适或冒犯他人的语言和表述。

我们可以从以下几个方面提高导游讲解词的趣味性:

首先,语言要生动形象,用词要丰富多变。生动形象的语言能将游客带入一定的意境,给他们留下深刻的印象。比如,在导游讲解词中适当地运用比喻、夸张、拟人等修辞手法,让静态的景观以及抽象的哲理生活化、具体化、形象化,既能展示出景物的美感,又能让游客陶醉其中。

其次,可以穿插故事情节。在讲解一个景点的相关背景时,导游可以不失时机地穿插趣味盎然的历史传说和民间故事,激发游客的好奇心。但是,选用的传说故事必须是与景观密切相关的,而且是积极、健康的。

再次,要幽默风趣。幽默风趣是导游必备的一项技能,也是导游讲解词艺术性的重要体现。导游如果能够运用幽默风趣的语言和表达方式,可以让游客在游览过程中感到轻松愉悦,增强游览的趣味性和参与度。导游可在讲解之余,运用谐音、双关、联想等手法,营造轻松的讲解气氛,锦上添花。

最后,随机应变,临场发挥。导游讲解词的创作,不仅可以表现出一个导游的知识储备程度,也反映出导游的技能水平。在导游讲解的过程中,讲解内容需要根据不同的因素进行调整和变化,以达到更好的效果。天气、环境、游客的职业和情绪等因素都会影响游客的接受程度和参与感,导游需要根据具体情况进行有针对性的讲解。导游在讲解过程中需要根据不同的因素进行调整和变化,使用恰当的语言和表达方式,以达到更好的讲解效果。使用“我们”“大家”等词语可以拉近导游和游客的距离,增强导游与游客之间的沟通和互动。

4. 口语化

导游讲解词的目的是为了让游客更好地了解景点的历史、文化和特色,因此需要符合口语化的特点。在讲解时,导游应该使用简洁明了的语言,避免使用过于专业化或复杂的术语和语言,以便游客能够更容易地理解和接受。例如,在讲解白居易的诗句时,导游可以简单解释一下这位诗人的背景和作品,然后再引用他的诗句来说明西湖的魅力和吸引力。这样的讲解方式可以让游客更加深入地了解西湖的历史和文化内涵,同时也能够增加游客的兴趣和参与感。

三、导游讲解词的写作格式

一篇完整的导游讲解词一般由习惯用语、概括介绍、重点讲解组成。习惯用语又可以分为两个部分——见面时的开头语和离别时的告别语。

1. 开头语

这是放在导游讲解词前面的话，主要包括：(1)介绍自己和自己所在的旅行社。(2)介绍司机、车型、车号。(3)介绍旅游时间、地点和行程安排。(4)对游客表示欢迎。

2. 概括介绍

概括介绍是用概述法对旅游景点的地理位置、范围、地位、意义、历史、现状和发展前景等情况进行介绍，目的是帮助游客对景点先有个了解，引起游客的游览兴趣。概括介绍一般是在进入景点之前，导游根据时间和具体情况，内容可长可短、可详可略。

3. 重点讲解

重点讲解是导游讲解词中重要的组成部分。通过细致、准确、生动的语言表达，导游可以让游客对旅游目的地有一个全面、正确、深入的了解，从而提高游客对旅游体验的满意度和记忆度。同时，导游还应该注意提醒游客注意自己的物品安全，保障游客的财产安全和自身权益。

4. 告别语

这是整篇导游讲解词的结束语，主要包括：

(1)总结旅游过程中的情况。

(2)感谢游客的积极配合。

(3)希望游客提出改善意见。

(4)表示依依惜别之情。

四、导游讲解词的写作注意事项

1. 讲解主题和观点一定要鲜明，突出重点。

2. 讲解内容要充实，包括历史故事、神话传说等。

3. 导游讲解词的结构层次要清楚，逻辑性强，条理清晰。

4. 导游讲解词一定要符合口语特点，尽量口语化。

5. 要处理好景物与故事的关系，故事或者事理往往要和景点相关。

【例文】

陕西历史博物馆

各位游客大家好！很高兴今天能为大家服务，在开始参观前，我先向大家介绍一下陕西历史博物馆的概况。

陕西是中华民族和华夏文明的重要发祥地之一，承载着黄帝陵、兵马俑、延安宝塔、秦岭、华山等众多中华文明、中国革命、中华地理的精神标识和自然标识。中国古代历史上包括周、秦、汉、唐等辉煌盛世在内的十四个王朝或政权都曾在这里建都，其丰富的文化遗存、深厚的文化积淀，形成了独特的历史文化风貌。而被誉为“古都明珠，华夏宝库”的陕西历史博物馆则是收藏和展示陕西历史文化和中国古代文明的艺术殿堂。

陕西历史博物馆位于西安南郊唐大雁塔的西北侧，是中国第一座大型现代化国家级博物馆，它的建成标志着中国博物馆事业迈入了新的发展里程。这座馆舍为“中央殿堂、四隅崇楼”的唐风建筑群，主次井然有序，高低错落有致，气势雄浑庄重，融民族传统、地方特色和时代精神于一体。馆区占地 65000 平方米，建筑面积 55600 平方米，藏品库区面积 8000 平方米，展厅面积 11000 平方米，收藏的 170 余万件（组）藏品，上起远古人类使用的简单石器，下至当代社会生活的各类见证物，时间跨度长达一百多万年，不仅数量多、种类全，而且品位高、价值广。在这些琳琅满目的藏品中，尤以典雅庄重、见证礼乐文明的商周青铜器；千姿百态、展现多彩生活的历代陶俑；精美绝伦、重现盛世气象的汉唐金银器；以及举世无双、独步天下的唐墓壁画最富特色。

陕西历史博物馆是一座综合性历史类博物馆。开馆以来，充分发挥文物藏品优势，坚持“保护第一、加强管理、挖掘价值、有效利用、让文物活起来”的文物工作方针，把社会教育、收藏保护、科学研究和产业发展有机结合，举办了各种形式的陈列展览，形成了基本陈列、专题陈列和临时展览互为补充、交相辉映的陈列体系，利用多种手段从多角度、多侧面向广大观众揭示历史文物的丰富文化内涵。

（资料来源：节选自陕西历史博物馆网站）

课后练习

以宣传家乡的土特产为内容，围绕土特产的历史、产生及特点创作一篇导游讲解词。

第五节　演讲稿

课程导入

下面是一篇演讲稿。

祖国在我心中

亲爱的同学们，老师们，大家好！

今天我要演讲的题目是《祖国在我心中》。

中国的历史和文化深厚而悠久，有众多的英雄人物，创造了伟大的成就。每当我看到五星红旗冉冉升起，雄壮的国歌在耳边响起，我心中的自豪感就油然而生，倍感骄傲。中华儿女在战场上浴血奋战，为新中国的成立付出了宝贵的生命。新中国成立后，我们的经济实力、科技实力、文化影响力都在不断提升，为世界和平与稳定做出了巨大的贡献。

抗日战争期间，中国人民经历了艰苦卓绝的斗争，付出了巨大的牺牲和努力，最终取得了胜利，这场战争让世界看到了中国人民的勇气和毅力。在那段黑暗的历史时期，中国人民遭受了巨大的痛苦和屈辱。

1949 年 10 月 1 日，毛主席庄严宣告："中华人民共和国中央人民政府今天成立了!"这一刻,全国人民欢欣鼓舞,激动不已。国歌响起,人人眼中含着喜悦和自豪的泪水。自那时起,中国站起来了,变得强大起来。自改革开放以来,中国在政治、经济、文化、体育等各个领域取得了举世瞩目的成就。2008 年,北京成功举办了第 29 届夏季奥林匹克运动会,向世界展示了中国的繁荣与进步。

祖国的繁荣昌盛是每个中国人的福祉所在,我们每个人都应该为祖国的发展献出自己的力量。作为新时代的青年,我们要不断学习,掌握先进的科技和文化知识,为祖国建设做出更大的贡献。我们要有强烈的国家意识和社会责任感,积极参与到国家的建设和发展中来。同时,我们也要秉持着爱国主义精神,在日常生活中自觉维护国家的尊严和利益,倡导文明、健康、积极向上的生活方式,为祖国的繁荣发展做出积极的贡献。

让我们为祖国的繁荣昌盛而努力奋斗！我的演讲就到这里,谢谢大家!

思考:我们该怎样撰写演讲稿?

学习重点:演讲稿的写作。

学习难点:演讲稿的写作技巧。

一、演讲稿的概念

演讲稿,也叫演讲词,是演讲者事先准备在大会上或其他公开场合发表个人观点、见解和主张的讲话文稿。

二、演讲稿的作用

1. 演讲稿可以帮助演讲者整理演讲思路,规范演讲语言,提示演讲内容,从而提高演讲水平。

2. 事前准备的演讲稿内容更全面、更精彩,更能打动听众,演讲稿的优劣直接关系到演讲的质量。所以,成功的命题演讲的第一步便是演讲稿的写作。

三、演讲稿的特点

(一)针对性

演讲是一种非常重要的社会活动,它不仅可以用于宣传和表达个人观点,还可以激发听众的思考和行动。因此,为了让演讲更有针对性,演讲者需要充分了解听众的需求和背景。首先,演讲者应该提出与听众相关的议题。这意味着他们需要了解听众所关心的问题,以及他们可能面临的挑战和机遇。通过这种方式,演讲者可以与听众建立联系,并让听众更容易接受演讲内容。其次,演讲者需要了解听众的背景和特点。这包括听众的职业、教育水平、文化背景、兴趣爱好等。通过了解这些信息,演讲者可以选择适合听众的语言和风格,以及更具说服力的论据和实例。最后,演讲者需要根据不同场合的类型和目的来准备演讲内容。例如,在党团会上,演讲者可能需要更加注重思想性和理论性;而在专业性会议上,演讲者则需要更注重实践和应用方面的内容。此外,在公众场合中,演讲者还需要注意控制时间和语言的简洁,以便让听众更好地理解和接受演讲内容。不同职业、不同层次的听众对演讲内容的要求是不同的。演讲的本质在于"讲",而不在于"演",它以"讲"为主、以"演"为辅。

(二)可讲性

由于演讲是诉诸口头的,所以一定要以能"讲"为前提。比如,有的文章和作品主要通过阅读来领略其中的意义,而演讲稿的要求则是"上口入耳"。一篇好的演讲稿对演讲者来说要好讲,对听讲者来说要好听。演讲者可以通过试讲或默念的方式来检查自己的演讲效果。如果演讲者发现讲话不流畅或存在不合适的地方,就应及时修改和调整内容,确保最终的演讲效果。

(三)鼓动性

演讲的目的就是要感动听众,说服听众,以情感人,产生共鸣,争取最佳的宣传说服效果。演讲者应该通过选择恰当的话题和内容、注重语言表达和情感交流、与听众的互动和交流等方式来调动动听众的情绪,以实现最佳的宣传说服效果。

（四）真实性

演讲要想说服人、打动人，演讲者就必须使用科学、真实的材料，演讲稿不能任意拼凑、虚构编造。在增强演讲效果方面，演讲者可以适当借用文学、艺术作品中的素材，来增强演讲的表现力和感染力。

（五）应变性

演讲者在演讲现场往往会遇到各种意想不到的情况，如听众的反应、气氛的变化等，这就要求演讲者要具备应变能力，根据现场情况对自己的演讲内容做出适当的调整。在写演讲稿时，演讲者就应充分考虑其临场性，准备几种不同风格、能够阐明演讲主题的材料，以备不时之需。这样可以让演讲者更加从容地应对现场变化，增强演讲的表现力和感染力。

四、演讲稿的种类

根据演讲的场合，演讲稿可以分为会场演讲稿、比赛演讲稿、广播演讲稿、电视演讲稿、课堂演讲稿和法庭辩论演讲稿等。

根据演讲的内容和性质，演讲稿可以分为政治演讲稿、学术演讲稿、军事演讲稿、社会活动演讲稿等。

根据演讲的表达方式，演讲稿可以分为记叙性演讲稿、议论性演讲稿和抒情性演讲稿。

五、演讲稿的写作要求

（一）选题要恰当

选题主要是确定演讲题目，规定演讲的范围。要选择听众感兴趣的、有现实意义的题目，并根据演讲时间的长短规定合适的演讲范围。

（二）观点要鲜明

确定了演讲的观点之后，演讲者需要将材料组织成有机的整体，为阐明观点服务。在组织材料时,演讲者应该注意材料的逻辑性、连贯性、典型性和代表性,以及真实性和可信度。

(三)材料要精当

演讲稿需要使用真实典型、生动形象的事例来支持主题和论述,但演讲者在选择这些材料时需要注意,它们是否能为演讲主题真正。如果材料或事例与主题无关或不利于主题的表现,即使再感人也应该删除。

(四)语言要准确、优美

演讲稿的语言应该准确精练、通俗易懂、生动形象,并且具有幽默感和感染力。为了使语言更加生动有趣,演讲者可以运用一些修辞手法,如联想、排比、比喻等,同时还应该注意语言的节奏感和音调变化。

六、演讲稿的写作技巧

演讲稿的结构通常分为开头、主体和结尾三个部分,其结构原则与一般文章的结构原则大致相同。但是由于演讲是具有时间性和空间性的活动,因而演讲稿的结构具有自身的特点,尤其是它的开头和结尾,有特殊的要求。

(一)开头要引人入胜

演讲稿的开头也被称为开场白,它在演讲稿中具有显要的地位和重要的作用。好的演讲稿,在开头就应该用最简洁的语言,把听众的注意力吸引过来。以下是一些演讲开场白的写作小技巧:

1. 楔子。就是演讲者用几句诚恳的话与听众建立关系,获得听众的好感和信任。

2. 衔接。演讲者直接抛出一种形式或是将要论及的问题,常用某一件小事、一个比喻、个人经历、轶事传闻、出人意料的提问等,将其与主要演讲内容衔接起来。

3. 激发。演讲者可以提出一些激发听众思考的问题,把听众的注意力集中到演讲中来。

4. 触题。演讲者在演讲的开头就应该告诉听众自己将要讲些什么,直奔主题。世界上许多著名的政治家、演说家和国家领导人的演讲都是这样的。

具体来说,演讲稿的开头主要有以下几种:

1. 开门见山,直奔主题。这种开头是在演讲一开始就切入正题,直接揭示演讲的中心。以下是一些例子:

(1)尊敬的各位领导、各位来宾,今天我向大家分享一下我对……的看法。我认为……

(2)大家好,今天我想跟大家谈一谈……问题,它是我们目前面临的一个重要挑战。

(3)亲爱的朋友们,我们都知道……然而,很多人可能没有意识到……今天我就来给大家深入地剖析一下这个问题。

(4)女士们、先生们,今天我们聚集在这里,是为了……我相信大家都很关心这个话题,那么接下来,请允许我为大家详细地阐述一下……

2. 介绍情况,说明演讲缘由。这种开头可以帮助演讲者迅速地拉近自己与听众的距离,使听众急于了解接下来的演讲内容。以下是一些例子:

(1)大家好,我是×××,来自×××公司。今天我很荣幸能够在这里向大家分享一下我对……的看法。本次演讲的主题是……我希望借这个机会,与大家探讨一下这个问题,希望能够引起大家的思考和共鸣。

(2)尊敬的各位领导、各位来宾,很荣幸能够在这里与大家见面。我是×××,现在担任……。今天我来向大家分享一下我对……的看法。我认为这个问题非常重要,因为它关系到我们的……所以我特地赶来,与大家共同探讨这个话题。

(3)亲爱的朋友们,大家好。我是×××,是一名……。我今天的演讲主题是……我相信这个话题不仅跟我个人的经验和看法有关,也跟我们每个人的生活都息息相关。所以,我非常期待能够听到大家的想法和意见,一起交流学习。

3. 提出问题,引起关注。这种方法是根据听众的特点和演讲的内容,提出一些激发听众思考的问题,引起听众的注意。以下是一些例子:

(1)尊敬的各位领导、各位来宾,我想问大家一个问题:你们有没有想过……这个问题在我们的日常生活中显得尤为重要,它涉及我们的……所以我今天特地来跟大家探讨一下这个问题,希望能够引起大家的关注和思考。

(2)亲爱的朋友们,我们都知道……然而,很少有人会去思考……这个问题背后隐藏的信息和带来的影响。我今天的演讲主题就是对这个问题的深入剖析和探讨,我希望大家能够跟我一起分析这个问题,一起探索解决之道。

(3)女士们、先生们,我们生活在一个飞速发展的时代,科技日新月异,给我们带来了前所未有的便利和机遇。但是,这些新的技术也给我们带来了新的挑战和问题。我今天的演讲主题是关于这个新技术背后的社会、道德和文化问题,我希望大家能够跟我一起来探讨这些问题,并寻找解决之道。

除了以上三种方式,还有释题式、悬念式、警策式、幽默式、双关式、抒情式等。演讲的开头很关键,它可以吸引听众的注意力,让听众对演讲产生兴趣,从而更好地理解演讲主题。

(二)主体要环环相扣,层层深入

主体就是演讲稿的正文部分,也是集中体现演讲者观点的地方。在行文过程中,要处理好演讲的层次、节奏和衔接等几个问题。

1. 层次。层次是演讲稿思想内容的表现次序,是演讲效果的内化体现。它反映了演讲者对客观事物的认识过程,体现了演讲思路展开的过程。演讲稿的层次结构是演讲者对演讲材料进行选取和组合的结果,同时也受到演讲者和听众的时空特点和思维特点的影响。演讲者需要根据实际情况灵活调整演讲稿的结构和内容,以达到最佳的演讲效果。由于演讲是与听众面对面的活动,演讲者需要根据听众的听觉把握演讲层次,采用一些方法来帮助听众理解和把握演讲的结构。首先,演讲者可以树立明显的有声语言标志,以此来反复刺激听众的听觉,展现清晰的演讲层次。比如,在开头和结尾使用重复的语言或口号,或者在重点部分使用音量的变化和语速的调整等手段,让听众更好地理解和把握演讲的结构。其次,演讲者可以在演讲中反复设问,并根据设问来阐述观点,就能在结构上环环相扣,层层深入。演讲者通过提出问题、分析问题、解决问题的方式,让听众随着演讲者的思路逐步理解和把握演讲的内容和结构。此外,演讲稿也可以使用过渡句,或用"首先""其次"或"第一""第二"等来区别层次,也会使层次清晰明了。演讲者通过使用这些过渡句和语词,可以让听众更加清晰地了解演讲的不同部分和内容之间的联系、区别。

2. 节奏。演讲稿的节奏是通过演讲内容的变换来实现的,包括内容变换、语速和音量变化、间隔设置和强调重点等方面。演讲者需要根据实际情况灵活调整演讲稿的结构,以达到最佳的演讲效果。演讲内容的变换是演讲稿中表现节奏的重要手段之一。演讲者在不同主题思想之间适当地插入笑话、诗文、逸事等内容，可以让听众的注意力既保持高度集中，又不会因为高度集中而产生兴奋性抑制。同时，演讲稿的内容变换也需要适度，过于频繁的变化会分散听众的注意力。

除了内容变换，演讲者的语速和音量变化也是表现节奏感的重要手段。在重点部分，演讲者可以放慢语速、提高音量，以突出重点；在过渡部分，可以加快语速、降低音量，避免听众分心。此外，演讲者还可以适当地运用停顿和强调等手法来表现节奏感。需要注意的是，演讲稿节奏既要鲜明，又要适度。过于频繁和强烈的节奏变化会让听众感到疲劳和不适，影响演讲效果。因此，演讲者在设计演讲稿的节奏时，需要考虑听众的心理和反应，使节奏的变化自然流畅，既不过于单调乏味，也不过于突兀、激烈。

3. 衔接。衔接是指把演讲中的各个内容层次连接起来，使之浑然一体，具有整体感。演讲者需要通过过渡语句或过渡语段来进行衔接，以调节结构的疏密程度，使各个内容层次的变换更为巧妙、自然。同时，演讲者也可以运用概括性语言和关键词重复等手法来加强结构衔接的效果。

（三）结尾要简洁有力

演讲稿的结尾是演讲内容的自然收束，可以给听众留下深刻的印象。好的演讲结尾能够让听众精神振奋，不断地思考和回味演讲的内容。而松散拖沓、枯燥无味的演讲结尾则只能让听众感到厌倦，并随着时间的推移而被遗忘。如何给听众留下深刻的印象？演讲最好在听众感到兴奋时果断收束，未尽时戛然而止。当演讲处于高潮的时候，听众处于高度的兴奋状态，注意力和情绪都达到最佳状态，这时突然收束演讲，保留在听众大脑中的最后印象就特别深刻。这种方法可以产生言简意赅、余音绕梁的效果，是演讲稿结尾比较好的方式。演讲稿的结尾没有固定的格式，演讲者可以对全文进行简明扼要的小结或概括，可以用号召性、鼓动性的话收束全篇，可以以诗文、名言或幽默俏皮的话作为结尾，但最高原则是要给听众留下深刻的印象。

【例文】

幸福的选择

自 1993 年参加工作以来，我送走了 2 届初三毕业生、8 届高三毕业生，其间担任班主任工作18年,高中年级主管工作2年。从2000年开始担任化学学科组长12年,从2001年以来一直担任某区兼职教研员。2005年11月晋升中学高级教师。作为一个平凡的教育工作者,在从教的24年中,我坚持努力工作,用责任与爱心尽情地描绘这富有诗意的教育愿景。

在工作的这些年,我没有虚度青春,我的青春岁月充满奋斗的足迹。2009年9月,我被评为市优秀教师。

一、钟爱教育事业,注重专业研究

我钟爱教育事业,这种爱让我甘当人梯,无私奉献,这种爱更让我孜孜以求,严谨治学。我倾心于每一个教学环节、每一份作业。我不希望一节课因为自己准备不充分而留有遗憾,这是我在教学上坚持的原则。我通过各种途径激发学生的求知欲,让学生感受到学习既是义不容辞的一件事又是一件充满快乐的事。

一名好的教师,必须永远相信自己的学生。事实上,不是学生的脑子里缺少资源,而是我们缺乏勘探这些资源的能力。这句话一直激励着我积极探索科学的教学方法。

作为学科组长,多年来我带领学校化学组教师认真学习新课改理念,积极投身到教学改革和教学科研活动中,参与了3项市级课题的研究,各项工作都走在全区前列。我带领化学组两次承办××市化学教研活动。善学才能善研,善研才能善教。在2006、2007、2009年这3届××区中学优秀学科组评比中,我带领我校化学组均获得第一名的好成绩,我也连续3次在“教师成长型”评选活动中被评为区级优秀学科组长。

教育是一种使教育者和受教育者都变得更加完美的职业,只有当教育者自觉完善自己时,才能更有利于学生的完善和发展。2007年,在新课程实施的初始阶段,就遇到令我和同事困惑的问题:课堂中教师把知识点和解题方法讲得非常清楚,课堂反映也很好,但依然有一些学生的考试成绩不理想。学生的说法则更是表现出一种无奈:上课时认真听了,也能听懂,课后练习也做了不少,可成绩没有起色。问题究竟出在哪里?

我在化学组开展了“同课异构”活动,组织听课、评课活动。教师精心设计并实施的教学内容在学习过程中因为学生主体性发挥受阻,以至于他们在知识和能力目标的达成上存在一定的缺陷。

近几年,围绕我校“问题导学”模式课,我与化学组全体教师多次重点围绕教法、学法进行研究。我狠抓听课效率和作业质量两个关键点，重视作业的布置与批改研究，认真做好作业布置，抓住记忆遗忘规律，促进学生提高学习效率。

二、爱心育人——微笑每一天

教育是什么？温长的教育生涯告诉我，教育是充满生机的过程，是人与人心灵的相遇和对话。教育是期待，教育是牵手，教育是心动，教育里饱含着真情的问候，教育里洋溢着微笑的面孔。从教至今，我用自己的微笑与智慧送走了一批批高三毕业生。2002年暑期，学校安排我担任高三复读班的班主任。为使学生们重拾信心，从高考失败的阴影中走出来，我带着任课教师利用休息日到××、×××、×××等地家访，踏遍了每一个需要关心的学生家中。一份跨越师生的友情深深植根在每个学生心中，班集体焕发出强大的凝聚力，我们一起经受住考验，当年高考本科一次上线35人，也就是从那时起我被学生亲切地称为“妈妈老师”。

我每带一届学生，在班级建设中都会努力做到以下几点：德育方面成为磨砺学生人品的乐园，学习方面成为学生自主学习的沃土，生活方面成为学生健康成长的家园。看见学生的成长变化，我的心中也总会散开幽幽馨香，一股幸福感油然而生，让我更加执着于自己的信念：让班内每个学生都拥有阳光心态，让他们学会在逆境中拼搏，拥有一颗感恩的心，让每个学生都能圆梦。我始终微笑着像家长一样关心学生，像春风一样温暖学生，像舵手一样及时地指出学生的错误，像路标一样为学生指明前进的方向。我也一直恪守着自己带班的八字箴言：爱心、责任、民主、机智。多年来，我所做的一切都是想用微笑换取微笑。我所带的班先后多次被评为“区级三好班集体”“校级三好班集体”“区级优秀团支部”“精神文明班集体”。每届学生都在高考中获得了喜人的成绩。

三、爱心延续——谱写新华章

每天，当我走进洋溢着青春气息的教室，我感到那一张张年轻的面孔正如一朵朵鲜花，我很幸福，因为我一下子拥有了积极向上的人生。

我深刻地体会到教师对学生的影响是永恒的，教师的职业不仅是付出，还是自己的生命价值和意义在学生中的体现和延伸。教育之树，只有根植于爱的土壤中，才能培育出丰硕的果实。爱是一种信任，爱是一种尊重，爱是一种鞭策，爱是一种激情，爱更是一种能触及灵魂，动人心魄的教育过程。如果一种教育未能触及人的灵魂，未能引起人灵魂深处的变革，它就不能称之为教育。教育的最高质量既不是分数,也不是知识,而在于让学生受教育的过程成为充满活力和自我实现的发展过程,在于让每个学生达成最大限度的自我实现。因此,教师要尽量让学生学会提出问题,而不是只想着如何帮助学生解决问题,更不是只想着如何灌输给学生更多、更全的答案和知识。教师要注重指导学生"学",引导学生从"学会"到"会学"。教师要学着发挥自身的优势,努力使自己从"教书"向"铸魂"转变。

我没有虚度青春,我留下一条闪光的足迹:市第四届"双优课"二等奖,区级名教师、名班主任。

"勤则诚,智则威",我对工作与生活的热爱潜移默化地影响着我的学生。在今后的教育教学中,我将继续秉持勤学、善思、实干的精神,用爱心继续谱写新的华章。

课后练习

请以"感恩"为题写一篇演讲稿,要求:

1. 注意结构和语言要符合演讲稿的文体特点。
2. 结构完整,格式规范。
3. 语言流畅,条理清晰。
4. 演讲时间控制在3分钟以内。

参考文献

[1]张晓君. 从应用文的历史沿革看它的发展趋势[J]. 阴山学刊(自然科学版),2003(2):225-226.

[2]孙百臣. 应用文文种概念的解析与辨析[J]. 秘书,2012(4):12-14.

[3]吴伟凡,朱琳,张小乐. 大学经济应用文写作新教程[M]. 北京:首都经济贸易大学出版社,2015.

[4]耿云巧,马俊霞. 现代应用文写作(第 4 版)[M]. 北京:清华大学出版社,2018.

[5]刘畅. 新编现代应用文写作与范例大全(第 2 版)[M]. 北京:清华大学出版社,2019.